Dagmar Gossen

Zum höchsten Wohle aller

Wie ich zur medialen Persönlichkeit wurde

Für Lovely

Dagmar Gossen

Zum höchsten Wohle aller

Wie ich zur medialen Persönlichkeit wurde

Bibliografische Information der Deutschen Nationalbibliothek:
Die Deutsche Nationalbibliothek verzeichnet diese Publikation in der
Deutschen Nationalbibliografie; detaillierte bibliografische Daten
sind im Internet über http://dnb.dnb.de abrufbar.

© 2018 Dagmar Gossen

Herstellung und Verlag: BoD – Books on Demand, Norderstedt

ISBN: 978-3-7481-4867-8

Inhalt

Vorwort

In meiner Praxis hängt ein Plakat mit dem Satz:

»Hier geht es um dich!«

Meine Klienten kommen mit großen Fragen zu mir, finden in der alltäglichen Welt keine Antworten und keinen Weg, sie sich selbst zu beantworten. Es geht um die Familie, die Liebe, das Arbeitsleben - auch um die Beziehungen. In diesem Buch geht es um mich. Doch meine eigene Geschichte ist nicht ohne die zu denken, denen ich in meinem Leben begegnet bin: die Familie, aus der ich hervorgegangen bin, die Familie, die ich selbst gegründet habe, die Freunde, die spirituellen Figuren und meine Klienten. Alle haben dazu beigetragen, dass ich die wurde, die ich heute bin. Deswegen geht es eben doch nicht nur um mich. In diesem Buch erzähle ich meine Lebensgeschichte: Durch die Familie, in die ich hineingeboren wurde, wurde ich vor große Herausforderungen gestellt. Ich beschreibe den Weg, den ich aus dieser vom Schicksal schwer getroffenen Familie heraus über persönliche Krisen hin zum Entdecken meiner eigenen Spiritualität und Medialität gegangen bin. Ich erzähle, wie gerade diese Herausforderungen, Krisen und schwierigen Zeiten mir eine Tür zu einem spirituellen Erleben geöffnet haben, als ich in der alltäglichen Welt keine Antworten mehr gefunden habe. An einem Nullpunkt meines Lebens ging ich mit vielen Fragezeichen im Kopf herum. Eine Frage war: Warum waren die familiären Beziehungen so wie sie waren? Auf diesem Weg, die Fragen zu ergründen und etwas zu erlösen, um Verbindungen zu schaffen, befinde ich mich noch heute. Ich bin auf der Suche nach Verbundenheit, wie auch meine Klienten auf der Suche nach Verbundenheit sind.

Als spirituelle Beraterin und Ausbilderin möchte ich mit meiner Geschichte etwas weitergeben, das ich selbst erfahren habe: den Mut, sich mit der eigenen Geschichte anzufreunden und die kleinen Lichter auf dem Weg zu finden, die richtungsweisend gewesen sind. Mein Weg von Erkenntnissen kann vielleicht die Leser ermutigen, eigene Entdeckungen zu machen.

Das Buch ist für mich ein Weg, mehr Menschen mit einer besonderen Art der Wahrnehmung zu berühren, die mich selbst immer wieder vor Herausforderungen stellt. Denn natürlich bin ich nicht eines Tages aufgewacht und habe meine medialen Fähigkeiten entdeckt. Es ist ein langer Entwicklungsweg gewesen, von dem ich hier erzählen will. Vielleicht kann ich den Lesern so die Angst vor der eigenen Spiritualität nehmen, den Zugang zu dieser Wahrnehmung öffnen, die in jedem von uns angelegt ist. Dabei steht immer auch bei mir die Frage im Vordergrund: Wie gehe ich damit um? Ich möchte ganz bodenständig zwischen Himmel und Erde den Weg zu einer modernen Spiritualität aufzeigen, einen Zugang ermöglichen, sich selbst zu finden, auf die eigene Führung zu hören, die persönliche Zukunft zu gestalten und den eigenen Platz in der Welt einzunehmen.

In meiner Praxis hängt ein weiteres Motto:

»Nimm dir Zeit, um glücklich zu sein.«

Die Möglichkeit zum eigenen Glück - mit allem Licht und Schatten und in der wenig friedvollen Zeit, in der wir leben - erzähle ich anhand meiner Verbindungen: denen zur menschlichen und denen zur medialen Welt.

Ein entscheidendes Jahr
Zum Tod meines Vaters

Es ist das Jahr 1970. Ich bin neun Jahre alt und lebe mit meiner Familie in Aachen. Mein Vater arbeitet sieben Tage die Woche, um uns ein gutes Leben zu ermöglichen. In der Nachkriegszeit hatte er seinen eigenen Installationsbetrieb aufgebaut und es geschafft, ein wohlhabender Mann zu werden. Meine Mutter hatte einen Sohn aus erster Ehe, meinen sieben Jahre älteren Bruder. Auch mein Vater ist bereits einmal verheiratet gewesen. Meine Eltern haben sich ein Haus gekauft, in das sie kurz nach meiner Geburt einzogen. Das Geschäft floriert, es sind die ersten Schritte in einen größeren Wohlstand. Meine Eltern sind gesellig. Als waschechte Rheinländer feiern sie eine ganze Woche lang Karneval. Sie haben eine Kellerbar, was in den 60er-Jahren eine kleine Sensation ist, und bei uns gehen die Partys ab. Meine Mutter arrangiert Buffets mit den berühmten Schinkenröllchen dieser Zeit. Manchmal bleibt ein Gast auf dem Kellersofa liegen. Die guten Zeiten haben für meine Eltern und uns Kinder gerade angefangen. Doch mein Vater ist krank. Er hat Lähmungserscheinungen im rechten Bein und niemand findet den Ursprung. Die Lähmungen werden mehr. Meine Eltern reisen von Arzt zu Arzt, bis sie an der Uniklinik in Köln einen Professor finden, der die Krankheit diagnostizieren kann. Als junger Mann hatte mein Vater eine Operation am Kleinhirn, im Zuge derer ihm ein gutartiger Tumor entfernt wurde. Die Operation war gut verlaufen. Doch der Kölner Professor findet heraus, dass als Spätfolge der Hirnoperation der Rückenmarkskanal meines Vaters langsam zuwächst. Wenn dieser Kanal sich irgendwann ganz schließt, bedeutet es den Tod. Mein Vater entschließt sich, sich operieren zu lassen. Doch die medizinischen Möglichkeiten sind in dieser Zeit noch begrenzt. Es gibt keine minimalinvasive Lasertechnik, seine Krankheit ist selten, die Operation risikoreich. Er wird umfassend informiert, dass dabei Nervenstränge durchtrennt werden könnten. Die Operation ist ein Schicksalsschlag für die ganze Familie. Mein Vater kommt mit einer Behinderung nach Hause. Er ist rechtsseitig am Bein gelähmt und muss an zwei Krücken gehen. Es folgt ein kompletter Umbruch für alle vier. In der Kleinstadt bei Aachen, in der sich die Firma meines Vaters befindet, wird viel geredet, es spricht sich herum, dass ‚der Gossen' krank ist. Die Mitbewerber nutzen diese Situation aus. Es beginnen schwierige Zeiten und Umstände für die Familie, in der es für alle ums Überleben geht. Meine Mutter erlebt eine unglaubliche Enttäuschung. Sie hat sich ein tolles Leben mit ihrer neuen Liebe versprochen, sich einen älteren Mann ausgesucht, weil sie Schutz und Sicherheit bei ihm suchte und muss ihn von jetzt an pflegen und unterstützen. Es gibt noch keine höhenverstellbaren Betten und sie muss meinen Vater mit ganzer Kraft ins Bett bugsieren. Neben der körperlichen Anstrengung ist es für meine Mutter eine sehr große psychische Belastung. Heute würde man vielleicht sagen, dass sie mit der Zeit ein Burnout entwickelt hat. Später kam eine schwere psychische Erkrankung hinzu.

Auch für meinen sechzehnjährigen Bruder ändert sich das Leben komplett. Mein Vater kann seine Firma nicht mehr alleine weiterführen und fragt seinen Stiefsohn, ob er es übernehmen wird. Und mein Bruder sagt ja, trägt ab jetzt die Verantwortung im Dienst der Familie. So wird er in seinen jungen Jahren in einen Lebenslauf gezwungen, den er selbst nicht gewählt hat.

Wenn ich heute zurückblicke, sehe ich mich in diesem und den folgenden Jahren als kleines neunjähriges Mädchen, das irgendwie mitläuft. Ich kann nicht viel machen. Ich liebe meinen Papa. Ich verstehe nicht, was mit ihm passiert ist. Ich erlebe meinen Papa anders als vorher. In meinem Inneren fühle ich, dass etwas in ihm zerbrochen ist. Von da an haben sich viele Dinge subtil entwickelt, das ist mir heute klar. Damals war es das nicht.

Mein Vater hat sechzehn Jahre mit seiner Krankheit weitergelebt. Als Handwerker und praktischer Mensch brachte er trotz seiner Behinderung viele Dinge auf den Weg. Um jeden Tag schwimmen zu können, was für seine Gesundheit notwendig war, ließ er ein Schwimmbad an das Einfamilienhaus anbauen. Doch sein ganzes Leben war ein anderes geworden und von seiner Krankheit bestimmt. 1985 wurde festgestellt, dass sein

Rückenmarkskanal wieder zuwuchs. Erneut wollte er sich einer Operation unterziehen, doch dazu kam es nicht mehr. Der Termin wurde zwar anberaumt, doch immer wieder hinausgezögert. Man hatte meinem Vater zuvor einen Herzschrittmacher eingesetzt und mit der Herzschwäche durfte er nicht in die Operation gehen.

Aus dieser Zeit erinnere ich mich an eine Begegnung mit meinem Vater, die mich heute noch zu Tränen rührt. Ich besuchte ihn alleine im Krankenhaus. Er erzählte mir von einem Traum. Mein Vater sagte, er habe eine Kapelle gesehen. An der Kapelle sei eine Scheune gewesen. Und in dieser Scheune habe ein Bett gestanden. Er habe einen Mann gesehen mit einem dunklen Cape und einem Hut. Der Mann habe ihm gezeigt, dass das Bett in der Scheune sein Bett sei. Mein Vater deutete immer wieder auf diese Kapelle, auf die Wand des Krankenhauszimmers hinter mir.

Das war eine Woche, bevor mein Vater starb. Er stand zu dem Zeitpunkt zwar unter Medikamenten, die vielleicht sein Bewusstsein erweitert haben, dennoch war er keineswegs weggetreten. Der Traum erstaunte mich und auch, dass mein Vater gerade mir davon erzählte. Ich fuhr nach Hause und meine Mutter konnte sich ebenfalls keinen Reim darauf machen. Es war ungewöhnlich, dass mein Vater eine Kapelle gesehen hatte, denn er war nicht derjenige in der Familie, der an Gott glaubte. Mein Vater hatte während des zweiten Weltkriegs mit dem U-Boot auf Grund gelegen. Das U-Boot hatte einen Maschinenschaden und mein Vater wusste nicht, ob er jemals aus dem Krieg zurückkehren würde. Er sagte immer: »Das war nicht Gott, der uns da rausgeholt hat, sondern unser Mechaniker.« Ich weiß nicht genau, was mein Vater außerdem im Krieg erlebt hat, doch über diese Kriegserfahrungen ist er zu seiner Haltung in Bezug auf Gott gekommen. So konnte ich mir nicht erklären, warum mein Vater im Traum eine Kapelle sah.

Heute glaube ich, dass mein Vater den Wunsch hatte zu sterben. Jedem war klar, dass die erneute Operation ein Leben an Maschinen bedeutet hätte. Ich bin dankbar, dass es dazu nicht gekommen ist. Ein Jahr vor dem Tod meines Vaters lernte ich meinen ersten Mann kennen, das Zepter wurde quasi von meinem Vater in die Hand eines anderen gelegt. Als mein erster Mann um meine Hand anhielt, hatte mein Vater vielleicht das Gefühl, endlich gehen zu können. Manchmal hängen diese Dinge zusammen. Im Nachhinein ist mir klar geworden, dass mein Vater seinen Tod vorausgesehen hat. Er hat gewusst, dass das Bett in der Scheune sein Totenbett war. Eine Woche später starb mein Vater. Es war ein Sonntag, Allerheiligen, und ich war mit meiner Mutter am Nachmittag im Krankenhaus. Es ging meinem Vater schlecht. Er bekam eine Beruhigungsspritze. Das ist das letzte Bild, das ich von ihm habe. Die Schwestern sagten, wir könnten nichts tun und rieten uns nach Hause zu fahren. Als wir dort ankamen, klingelte das Telefon. Wieder zurück im Krankenhaus sah ich meinen Vater tot im Bett liegen. Ich konnte ihn nicht mehr anfassen. Er war für mich ein Fremder, etwas war verschwunden. Am Tag darauf ging ich mit meinem Hund spazieren und hielt am Straßenrand an. Auf einmal kam es mir so vor, als stehe mein Vater neben mir. Es war ein warmes Gefühl seiner Anwesenheit, eine glasklare Wahrnehmung erfüllt von einer großen Sicherheit. Etwas in mir wusste in diesem Moment, dass mein Vater ganz nahe bei mir war. Er ging mit mir auf die andere Straßenseite. Und ganz plötzlich war er, dieses Dasein von ihm, wieder weg. Zwei Tage später passierte etwas Ähnliches: Ich ging zuhause die Treppe hoch. Die Tür zur oberen Etage stand offen. Es war ein dünner Spalt, durch den Licht fiel. Ich hatte den unmittelbaren Eindruck, dass mein Vater hinter der Tür stehe und auf mich warte. Am nächsten Tag, als ich gerade schlafen gehen wollte, hatte ich die dritte Begegnung mit meinem toten Vater. Beim Einschlafen stand er am Kopfende des Bettes. Es war gleichzeitig schön und auch ein bisschen gruselig. Aus meiner heutigen Sicht würde ich sagen, er hat in dieser Zeit vor der Beerdigung noch einmal meine Nähe gesucht.

Die Beerdigung kam und ich erlebte, dass etwas aufhörte. Ich fühlte, dass mein Vater nicht mehr anwesend war. Heute weiß ich, was in der Zeit zwischen Tod und Beerdigung auf einer anderen Ebene stattfindet. Mit dem Begräbnis endet diese Phase.

14

Damals war mir das nicht bewusst, doch mit dem Tod meines Vaters begann ich, mich mit dem Thema auseinanderzusetzen. Ich sprach in der Gemeinde mit unserem Kaplan. Eine Frage trieb mich am meisten um. Wie sieht ein Leichnam nach sechs Wochen aus? Wie verwest ist er dann schon? Es war mir unangenehm, dem Kaplan diese Frage zu stellen. Er sagte, ich solle fragen, was auch immer ich wissen wolle. Natürlich konnte er mir keine wissenschaftliche Erklärung geben. Doch wir kamen über diese Frage in ein gutes Gespräch und er ermutigte mich, mich mit dem Tod und dem Leben danach zu beschäftigen.

Es folgte ein Jahr, in dem ich mich intensiv dem Tod widmete. Einige Monate später gab es einen weiteren Todesfall in der Familie. Mit der Schwester meiner Schwägerin, die als Sterbebegleiterin arbeitete, verbrachte ich lange Abende im Austausch über den Tod. Ich durchstreifte Buchhandlungen und kaufte mir die Bücher von Joseph Murphy und Elisabeth Kübler-Ross. Ich fraß mich hindurch. Es war mein innerstes Bedürfnis, soviel wie möglich zu erfahren. Durch die Bücher erhielt ich etwas Wunderbares: eine Vorstellung davon, was wahrscheinlich mit uns passiert, wenn wir gehen. Elisabeth Kübler-Ross hat beschrieben, dass uns die Menschen abholen, die uns im Leben nahe standen und bereits auf der anderen Seite sind. Damals wie heute berührt mich diese Idee und ich fühle mich davon getragen, dass wir im Sterben nicht alleine sind, dass uns jemand hinüberhilft, wohin auch immer wir gehen und dass wir denen, die uns wohl gesonnen sind, noch einmal begegnen. Nach einem Jahr intensiver Trauerarbeit fühlte sich mein damaliges Umfeld gestört von meinen ständigen Erzählungen über den Tod. Für mich war dieser Prozess notwendig, und ich konnte nicht anders. Auf Bitten meines ersten Mannes, dem das Thema zu viel wurde, hörte ich abrupt damit auf und wendete mich wieder dem alltäglichen Leben zu.

Wenn ich heute meine mediale Arbeit betrachte, hat mir diese Beschäftigung mit dem Tod, sehr viel geholfen. Dadurch habe ich zum ersten Mal Zugang zu einer anderen Ebene bekommen, die mir vorher verschlossen war. In mir ist in dieser Zeit ein positives Bild vom Tod entstanden. Aus meiner jetzigen Arbeit klammere ich den Tod nicht aus, er gehört für mich zum Leben dazu und das möchte ich an meine Klienten weitergeben. Es ist mir ein Anliegen, Menschen über meinen medialen Kanal zu inspirieren, auch mit dieser Phase des Lebens gut umzugehen.

Mein Vater ist die rationale Seite der Familie. Er war der Arbeiter, der Handwerker, der Bodenständige. Bis zu seinem Ende ist er ein einfacher Mann geblieben, der seinen Wohlstand nicht nach außen kehrte. Er war sehr introvertiert, friedlich und hat immer nach einvernehmlichen Lösungen gesucht. Trotz dieser oder gerade aus seiner realistischen Weltsicht heraus hat er seinen Tod vorausgesehen und nur mit mir diese Vision geteilt. Durch ihn hatte ich meine ersten spirituellen Erlebnisse. Ich bekam eine Vorstellung davon, dass da mehr ist als das, was wir als physische Welt kennen. Diese Wahrnehmungen von meinem toten Vater waren da und - auch wenn ich sie ein bisschen unheimlich fand - es waren heilsame Begegnungen. Elisabeth Kübler-Ross beschreibt, dass die Seele noch einmal die Lebenden aufsucht, denen sie nahe stand, wenn sie sich nicht wirklich verabschieden konnte. Und das hatten wir nicht. Wir hatten uns nicht verabschiedet, mein Vater war einfach so gestorben. Ich frage mich heute noch: Was wollte er mir zeigen?

Die zwei Gesichter
Zur Krankheit meiner Mutter

Heute werde ich oft gefragt: Warst du als Kind schon so? Ob ich metaphysische Wahrnehmungen hatte, als ich jung war, weiß ich nicht. Ich kann mich schlichtweg nicht erinnern. Allerdings habe ich herausgefunden, dass meine Urgroßmutter mütterlicherseits ebenfalls eine mediale Frau gewesen ist. Nachdem meine Mutter tot war, habe ich - im Zuge von Familienaufstellungen - in der Vergangenheit geforscht. Mir kam die Idee, dass nicht nur das Handwerkliche, das mein Bruder und ich geerbt haben, in der Familie weitergegeben wurde. Da meine Mutter immer Zugang zum Spirituellen gesucht hat, Kontakt zu Wahrsagern und Heilern hatte, vermutete ich, dass es eine mediale Linie in unserer Familie geben könnte. Meine Cousine erzählte mir von unserer Uroma: »Du hast bei der beim Kaffee gesessen und irgendetwas erzählt und plötzlich hat sie dir die Zukunft vorausgesagt.« Die Mutter meiner Mutter wiederum war eine strenggläubige Katholikin, die den Rosenkranz heruntergebetet hat. Da konnte ich nie eine mediale Veranlagung feststellen. Vielleicht war das Beten eine Ausdrucksform dessen oder meine Oma hat die mediale Fähigkeit in ihr unterdrückt. Aber das kann ich leider nicht mehr herausfinden, denn es gibt niemanden mehr, den ich fragen kann. Doch ihre Tochter, meine Mutter, ist einen spirituellen Weg gegangen.

Im Gegensatz zu meinem Vater war meine Mutter diejenige, die im klassischen kirchlichen Sinne an Gott glaubte. In ihrem streng katholischen Elternhaus hatte sie es so gelernt. Sie betete, segnete unser neues Auto und ging sonntags mit uns in die Kirche. Meine Eltern wurden beide aus ihrer ersten Ehe als »schuldig« geschieden, was es heute zum Glück nicht mehr gibt. Meine Mutter litt darunter und fühlte sich sehr ausgeschlossen, weil sie als geschiedene Frau nicht mehr zur Kommunion gehen durfte. Mit ihrer Religiosität stieß meine Mutter in unserer Familie allerdings auf wenig Begeisterung. Mein Vater war kein Kirchgänger, und wir Kinder fanden es ebenso wenig prickelnd, uns sonntags schön anzuziehen, um stundenlang in der Kirche zu sitzen. Früher habe ich meine Mutter belächelt. Heute sehe ich sie und ihren Glauben mit anderen Augen. Als ich sechs war, starb mein Opa überraschend an Bauchspeicheldrüsenkrebs. Der Glaube an Gott hat für mich als Kind aufgehört, als mein geliebter Opa starb, zu dem ich eine enge Verbindung hatte.

Mein Vater ist meistens nicht zuhause, weil er viel arbeitet. Immer wenn ich meiner Mutter zu viel werde, bringt sie mich zu meinen Großeltern. Die strenggläubige Oma ist eher distanziert, doch mein Opa ist ein weicher Mann und wir haben es gut miteinander. Ganz plötzlich kommt Opa ins Krankenhaus. Er hat Krebs. Als Sechsjährige weiß ich nicht, was das heißt. Es erklärt mir auch keiner. Ich darf nicht mit, Kinder sind im

Krankenhaus unerwünscht. Der Opa verschwindet also einfach irgendwo. Meine Mutter sagt, wenn ich ganz kräftig für den Opa bete, wird er wieder gesund. Leider kommt der Opa aber nie mehr wieder. Opa stirbt und ich habe soviel gebetet. Ich habe alles gemacht. Für mich kommt mein Opa als toter Mann aus dem Krankenhaus zurück. Der Sarg wird geöffnet in der Kapelle aufgebahrt, ich sehe den bleichen Opa darin liegen. Drei Jahre später geht mein Vater ins Krankenhaus und kommt als gelähmter Mann wieder.

Pädagogisch war das alles natürlich nicht sehr wertvoll. Zu diesem Zeitpunkt habe ich den Glauben an Gott verloren und auch zu Recht, finde ich noch heute. Als Kind dachte ich: Lieber Gott, wenn es dich gibt und du irgendwie gut sein sollst und für uns Menschen sorgst, warum kommt der Opa tot und der Papa gelähmt aus dem Krankenhaus? Alles Gute, das mir über den lieben Gott erzählt wurde, konnte ich in meinem eigenen Leben nicht wiederfinden. Ich war einfach nur tierisch sauer auf den lieben Gott! Ich ließ meine Mutter ihren kirchlichen Hokuspokus veranstalten, wie sie das aus ihrem Elternhaus kannte, und interessierte mich nicht weiter dafür.

Meine Mutter war trotz oder gerade wegen ihrer strengen Erziehung auch eine Frau, die sich von Zwängen befreien wollte. Sie hatte immer einen Hang zu spirituellen Dingen. So ging sie nicht zum Arzt und lehnte Medikamente völlig ab. Wir lebten nach der Naturheilmethode von Maria Treben, meine Mutter interessierte sich ganz intensiv für das Leben dieser Frau und war vollkommen auf dem Kräutertee-Trip. Sie umgab sich gerne mit Heilern, ließ sich die Hand auflegen, ging regelmäßig zur Kartenlegerin und ist sogar zu Frau Buchela gefahren, einem berühmten Medium, die im Fernsehen auftrat und sogar Politiker beraten haben soll.

Auch ich selbst bin einmal in jüngeren Jahren bei Frau Buchela gewesen, obwohl ich mich eigentlich noch nicht besonders für spirituelle Themen interessierte. Doch da Frau Buchela ja so berühmt war, dachte ich mir, sie müsste ganz besonders gut voraussehen können, was in den Leben der Menschen zu Tage trete, speziell in meinem. Ich war achtzehn und in einen jungen Mann verliebt, den ich unbedingt heiraten wollte, doch meine Eltern waren dagegen. Das war also mein gewichtiger Grund, warum ich Frau Buchela befragen wollte. Bei ihr einen Termin zu bekommen, war sehr schwer und kostete viel Geld und ich erlebte zum ersten Mal ein Tieftrancemedium.

Ich komme in einen halbabgedunkelten Raum und Frau Buchela ist von einer seltsamen Aura umgeben. Im Zimmer ist es düster und Frau Buchela selbst hat sich in schwarze Kleider gehüllt. Dennoch macht sie keinen bösen oder unangenehmen Eindruck auf mich. Frau Buchela sitzt mir gegenüber auf dem Sofa und versenkt sich. Sie scheint völlig weggetreten zu sein und spricht vor sich hin. Ich frage sie nach meinem Freund, den ich unbedingt heiraten will, doch sie sagt nur: »Der spielt keine Rolle.« Das will ich natürlich gerade nicht hören! Ich bin Hals über Kopf verliebt in einen, den meine Familie komplett ablehnt und von dem ich selbst nicht genau weiß, ob er nun der richtige für mich ist. In meinem Leben spielt er eine ganz große Rolle, es ist eine lebenswichtige Frage!

Bis heute bin ich Frau Buchela sehr dankbar, denn sie hat mir sowohl etwas Wunderschönes als auch etwas sehr Wahres gesagt. Ihre Worte waren: »Es wird ein anderer kommen. Du wirst die Welt bereisen.« Diese Sätze habe ich gerne mit nach Hause genommen, obwohl es mir gar nicht wichtig war, die Welt zu bereisen. Viele Jahre konnte ich damit nichts anfangen. Mit meinem ersten Mann fuhr ich einmal im Jahr in einen schönen Urlaub. Erst jetzt - in meiner zweiten Ehe und nach fast 30 Jahren - weiß ich, was Frau Buchela gemeint hat. Denn heute bereise ich die Welt, mein Mann und ich haben in dieser Hinsicht noch sehr viele Pläne. Damals war es wie ein heller Streif am Horizont, der sich erst heute in eine Realität verwandelt hat.

Außerdem sprach Frau Buchela von einer Krankheit in meiner Familie. Ich habe gesagt: »Ja, mein Vater ist krank.« Doch sie antwortete: »Nein, die Krankheit ist auf der Seite deiner Mutter.« Ich konnte das nicht einordnen. Ich hatte meinen gelähmten Vater zuhause sitzen und diese merkwürdige Wahrsagerin erzählte mir, meine Mutter sei krank. Die Informationen konnte ich zu dem Zeitpunkt in meinem Leben nicht übereinander legen. Obwohl sich die Krankheit meiner Mutter ankündigte und latent immer schon spürbar war, konnte ich sie nicht als das wahrnehmen, was sie war.

Meine Familie und ich haben erst im Jahr 2001 verstanden, dass meine Mutter manisch-depressiv war. Mit den Augen von heute sehe ich, dass diese Entwicklung schon in ihrer Jugend begonnen hatte. Im Zuge der Aufstellungsarbeit habe ich mich mit der Biographie meiner Mutter beschäftigt. Ich hatte das Glück, mit zwei ihrer Jugendfreundinnen zu sprechen. Sie erzählten mir, dass über meine Mutter bereits als junges Mädchen gesagt wurde: Mit der ist irgendwas anders. Es muss schon etwas Trauriges, etwas Dunkles, etwas Seltsames in ihr gewesen sein. Als Kind, als Jugendliche und als junge Frau habe ich nicht verstanden, dass meine Mutter krank war und habe immer gegen etwas Unsichtbares gekämpft. Wenn meine Mutter in ihre kranken Phasen kam, sahen wir Kinder das. Sie kam durch die Tür und ich habe gleich gemerkt, ob es jetzt die eine oder die andere ist. Sie nahm eine ganz andere Gesichtsform an, eine andere Körperhaltung und es erschien mir, als gäbe es meine Mutter zweimal. Die Krankheit war unterschwellig immer da und baute sich nach und nach auf wie ein Vulkanausbruch.

Was sie später machte, was wir mit ihr erlebten, war schon ziemlich krasser Natur. Diese Krankheit führte uns in Phasen von absolutem Familienchaos. Meine Mutter schrieb 20 Seiten lange Briefe, in denen sie ihre Kinder zutiefst beleidigte und verletzte. Sie erzählte herum, dass wir ganz schlimme Kinder seien, dass wir nur hinter ihrem Geld her liefen und sie nicht liebten. Die Krankheit meiner Mutter hat dazu geführt, dass wir drei Jahre keinen Kontakt hatten. Heute weiß ich, dass all ihre Handlungen zum Krankheitsbild dazugehören.

Man kann nicht wirklich sagen, wie die Krankheit ausgelöst wurde. In ihrer Jugend hat meine Mutter einiges erlebt, das später zu dieser psychischen Erkrankung geführt hat. Vielleicht hat es sich aus ihrem Erleben des Krieges heraus entwickelt. Natürlich war der Schicksalsschlag mit meinem Vater nicht erleichternd für sie. Sie musste ihren Mann so viele Jahre pflegen und sich selbst sehr stark zurückstellen. Manchmal denke ich, irgendwann musste sie explodieren. Für uns Kinder war es natürlich eine zusätzliche Belastung. Wenn ich früher gewusst hätte, dass sie an einer schweren psychischen Erkrankung litt, hätte ich sie vielleicht liebevoller betrachten können.

In meinem Leben bin ich zunächst dem eher praktischen und naturwissenschaftlichen Weg meines Vaters gefolgt. Ich habe ein Abitur mit Mathematik-Leistungskurs absolviert. Mathe hatte immer etwas Klares und Neutrales für mich, es gab ‚richtig' und ‚falsch', daran konnten weder Lehrer, noch Gott und auch die schwierigen Umstände zuhause nichts ändern. Meine Deutschlehrerin hingegen war das Grauen auf zwei Beinen für mich. Ich war auf einem von Nonnen geführten Gymnasium, was meinem Naturell jedoch in keiner Weise entsprach. Schon als Jugendliche war ich ein Freigeist, das weiß ich heute, und habe gegen die Grenzen rebelliert, die die strenge Lehrerin mir setzen wollte. Sie konnte mit jungen Mädchen wir mir nicht umgehen und ich nicht mit ihr. Als ich fünfzehn Jahre alt war, sagte sie zu mir, ich müsse einmal darüber nachdenken, was ich für ein Mundwerk habe, man könne Menschen auch mit Worten umbringen.

Meine Mutter war ganz anders als mein Vater. Mein Bruder hat sie einmal als »extrovertiertes Maschinengewehr« beschrieben. Ich bin jedoch dankbar für beide Seiten. Die Haare auf meinen Zähnen, die ich im Leben manchmal brauche, habe ich definitiv von meiner Mutter geerbt. Auch die Kraft, durch das Feuer zu gehen, Dinge beim Namen zu nennen und keine Rückschritte zu machen, habe ich von ihr gelernt. Bis heute bin ich froh, dass ich diese Fähigkeiten habe. Bei aller Spiritualität, bei allem ,Om' und dem Wunsch, dass sich die Liebe über die Welt ausdehnen möge, brauche ich diese Durchsetzungskraft im alltäglichen Leben. Doch dadurch, dass ich den Gegenpol zu dieser strengen Lehrerin bildete, kam ich im Deutschunterricht auf keinen grünen Zweig und wendete mich auch deshalb den geradlinigen und handfesten Dingen zu.

Erst durch den Ausbruch der Krankheit meiner Mutter ist die Spiritualität wieder zurück in mein Leben gekommen. Nachdem ich mich als Kind wütend von Gott abgewendet hatte, bin ich erst dann wieder zu der Vorstellung einer Kraft zurückgekehrt, die etwas Größeres darstellt und eine liebende Attitüde hat - jedoch ohne den kirchlichen Gott meiner Kindheit, den ich nicht haben wollte. Heute habe ich viele Bilder, wie ich diese Kraft wahrnehme, nenne und beschreibe, was sie für mich bedeutet. Ich gehe mit dem Begriff Gott um, so wie es dem katholischen Glauben entspricht. Ich habe mich aber auch mit anderen Religionen beschäftigt, mit dem Buddhismus oder einer ganz physischen Betrachtungsweise, die für mich ‚Quelle des reinen Lichts' heißt. Ich habe mich mit den Schamanen beschäftigt, mit den alten Hawaiianern, die den Begriff »Großer Geist« verwenden, den ich sehr mag. So finde ich heute viele Ausdrucksformen für das, was auch immer es ist, das wir doch nicht ganz begreifen können - erst wenn wir wieder dahin zurückgehen. Für mich ist Spiritualität heute nicht an eine Religion gekoppelt. Spiritualität ist einfach.

Die Zeit der Wende
Spirituelle Anfänge

Nach dem Tod meines Vaters entwickelte sich das Leben meiner Mutter nicht zum Guten. Wo vorher noch eine Struktur gewesen war, nahmen die krankhaften Phasen zu. Manische und depressive Episoden wechselten sich ab, auch wenn wir zu dem Zeitpunkt noch nicht wussten, dass meine Mutter krank war. Wir konnten ihr Verhalten nicht einordnen. Wir Kinder wurden von ihr verleumdet: Ich lebte noch im gleichen Stadtteil wie meine Mutter, in dem ich auch aufgewachsen war. Die Leute wussten, wer ich war, dass ich ihre Tochter war. An einem Tag wurde ich freundlich von jemandem gegrüßt, am nächsten Tag ging die gleiche Person an mir vorbei, sagte nichts, guckte nur komisch. Damals hatte ich ein kleines Fitnessstudio. An einem Morgen kam ich dorthin und draußen an der Tür hing ein Schild mit der Aufschrift: »Die Inhaberin macht schwarze Magie.« Diese Form, in der sich die Krankheit meiner Mutter äußerte, ist in ihrer Absurdität über die Jahre gewachsen. Manch ein Mutiger hat mich darauf angesprochen, wenn die Geschichten meiner Mutter einen zu abstrusen Beigeschmack bekamen. Manchen ist aufgegangen, dass nicht alles so ganz stimmen konnte, was meine Mutter über mich und meinen Bruder erzählte. Dennoch hatte ich immer das Gefühl und kam oft in die Situation, mich rechtfertigen zu müssen.

Von den Geschichten und Briefen meiner Mutter konnte jeder getroffen werden. Darin wurde derjenige beschuldigt, grundsätzlich ein schlechter Mensch zu sein. Oft ging es dabei um Geld. Wer diese Briefe nicht gelesen hat, kann es sich nicht vorstellen, denn sie sind nicht nachzuerzählen. Das waren verstrickte Geisteskonstrukte, die meine Mutter für sich aufgebaut hatte. Ich wurde im Lauf der Zeit viele Male enterbt und dann wieder mit Geld überschüttet. Es war ein Hin und Her, mal war ich die böse, mal die gute Tochter und ich wusste nie, wann der nächste Ausbruch zu erwarten war. Das war ein ständiges Auf und Ab zwischen Streit und Versöhnung, auch schon bevor mein Vater starb. Ein vertrauensvolles stabiles Familiengefüge habe ich nicht erlebt. Ich habe immer versucht, auf meine Mutter einzugehen, doch es gab auch eine Phase, in der ich drei Jahre lang nicht mit ihr gesprochen habe. Ich ging durch den Ort, sah auf der anderen Straßenseite meine Mutter gehen und ging wortlos an ihr vorbei. Doch etwas in meinem Inneren wollte nicht wirklich, dass wir so miteinander umgingen. Für mich gibt es immer einen Weg, ich suche danach, frage mich, wie kann die Lösung aussehen, was kann ich dazu beitragen, dass sich eine Situation zu etwas Gutem entwickeln kann. Doch mit meiner Mutter war ich schließlich mit meinem Latein am Ende.

Die Empfindungen meiner Mutter gegenüber gliedern sich für mich in zwei Phasen, als ich 1991 selbst Mutter wurde: (m)eine

Mutter zu haben und selbst Mutter zu sein. Dieses Erleben teilte sich voneinander, denn es war so unterschiedlich. Mit der Geburt meines Sohnes war meine mütterliche Liebe ganz einfach und natürlich da. Ich hielt meinen Sohn im Arm und konnte ihn nur lieb haben. Dafür musste ich keinen Kurs besuchen, das musste ich nicht künstlich herstellen. Wenn ich Filme über die Tierwelt sehe, überkommt mich dieser Eindruck noch heute: Wenn ein Kind geboren wird, entsteht das Mütterliche, das Umsorgende, das Beschützende sofort. Ich fragte mich: Wo war diese Liebe, als ich geboren wurde? Wie erging es meiner Mutter? Schon als ich jung war, erlebte ich mit ihr schwierige Situationen und empfand sie oft als kalt. Ich erinnere mich an eine Situation, als ich ein 14-jähriges Mädchen war. Ich stand ich am Bett meiner Mutter. Ihr ging es schlecht, sie hatte in dieser Zeit Herzrhythmusstörungen. Sie sagte zu mir: »Wenn ich jetzt sterbe, dann bist du schuld.« Erlebnisse wie diese haben meine eigene Entwicklung nicht leicht gemacht. Ich kann heute sagen, dass ich immer nach der Liebe meiner Mutter gesucht habe. Ich denke, das ist das Natürlichste auf der Welt, dass wir uns nach der Wärme und nach der Mutterliebe sehnen. Doch diese Liebe war zwischen meiner Mutter und mir und zwischen meiner Mutter und meinem Bruder unterbrochen oder nie wirklich da. Ich habe mir als Kind und auch später als Erwachsene immer gewünscht, dass sich mit meiner Mutter ein Gefühl von Angenommensein und Geborgenheit einstellt. Ich gab jahrelang, jahrzehntelang die Hoffnung nicht auf. Heute habe ich die Vorstellung von einem Graben, den es zwischen meiner Mutter und mir gab. Ich weiß nicht, wodurch dieser Graben entstanden ist, doch er war unüberwindbar. Dieser letzten Schritt, der eine wirkliche Nähe herstellt, ist niemals möglich gewesen. Ich bin immer wieder auf sie zugegangen und habe nie damit aufgehört. Doch das letzte Stückchen habe ich nie geschafft.Im Jahr 2001 spitzte sich die Situation immer mehr zu. Meine Mutter entwickelte Verfolgungswahn, zog von einem Hotel ins nächste, kaufte Unmengen von Dingen, sprach Morddrohungen gegen meine Nichten aus. Erst dann haben wir verstanden, dass meine Mutter krank ist, dass wir handeln müssen und dass sie ärztlich unversorgt nicht weiterleben konnte. Wir selbst fühlten uns hilflos, uns fiel nichts mehr ein, was wir hätten tun können und wir brauchten Hilfe. Wir konnten uns nicht mehr sagen, dass unsere Mutter in ihrem Naturell schwierig war, es war ganz klar, dass es so nicht weitergehen konnte. Ich konnte kaum aushalten, dass es meiner Mutter immer schlechter und schlechter ging, wünschte mir Hilfe für sie und fragte mich, was noch passieren müsste. Es ist Teil dieser Krankheit, dass die betroffenen Menschen nicht verstehen, dass sie krank sind und nichts dafür oder dagegen tun. Dass sich ihre Krankheit so extrem entwickelte, machte uns klar, dass wir nicht diejenigen waren, die ihr helfen konnten und führte dazu, dass wir uns Hilfe von außen holten.

Es kam zu einer Zwangseinweisung in die Psychiatrie. Doch auch das war ein langer Weg. Wir nahmen Kontakt mit einer Neurologin auf, mussten ihr erklären, wie es mit meiner Mutter stand und Zahlen, Daten, Fakten liefern - auf ganz unspirituelle Art. Meine Mutter hatte meinem Bruder auf den Anrufbeantworter gesprochen, er nahm das kleine Tonband mit und spielte es der Ärztin vor. Zudem mussten die rechtlichen Vorschriften eingehalten werden. Wir schalteten einen Amtsrichter ein, doch bei der ersten »Begutachtung« meiner Mutter, konnte er nichts feststellen, so dass die Zwangseinweisung nicht vollzogen werden konnte. Nach vier Wochen kam der Amtsrichter jedoch nochmals und meine Mutter hatte begonnen, in der Wohnung mit Kerzen und Feuer herumzuhantieren. Es gab Brandlöcher im Teppich und einen anbrannten Badezimmerschrank. Da sie in einem Mehrfamilienhaus wohnte, sah der Amtsrichter Gefahr in Verzug für ihre Mitmenschen und daraufhin wurde meine Mutter zwangseingewiesen.

Auch wenn wir nun von offizieller Stelle bestätigt bekamen, dass es richtig war, was wir taten, hatten wir diesen Makel der bösen Kinder an uns, den unsere Mutter uns so oft zugesprochen hatte. Wir waren nun die Kinder, die die eigene Mutter in die Psychiatrie einwiesen. Als meine Mutter eingeliefert wurde, standen mein Bruder und ich vor der Tür zur geschlossenen Abteilung. Doch mein Bruder konnte nicht hineingehen. Mir war klar, dass wir unsere Mutter dort nicht alleine lassen konnten. Ich dachte: Einer muss durch diese Tür und das bin ich. Niemand hatte mich auf diesen Anblick vorbereitet. Wir hatten diese Zwangseinweisung bewerkstelligt und ich sah meine Mutter weggetreten im Bett liegen und dachte: Was machen die hier mit ihr? Was haben wir ihr angetan? In den ersten Tagen bekam meine Mutter starke Psychopharmaka, damit ihr ganzes System erst einmal heruntergefahren werden konnte. Das wusste ich jedoch in dem Moment nicht. Zum Glück gab es damals eine Krankenschwester, die mir mit wenigen wichtigen Sätzen die Situation erklärte. Sie sagte, dass das ganze Nervensystem meiner Mutter so überstrapaziert sei, dass es durch die Medikamente erst einmal still gelegt werden musste. Doch es blieb ein Gefühl zurück, dass ich diese Situation nicht wirklich händeln und beeinflussen konnte, dass ich meine Mutter ausgeliefert hatte.

Es war ein tiefes Tal, das wir damals durchschritten haben. Ich bin dankbar, dass wir zu zweit waren und dass wir uns die Aufgaben aufteilen konnten. Mein Bruder hat sich mehr mit dem Faktischen beschäftigt und ich war bereit, die Betreuung meiner Mutter zu übernehmen. Da ich das Kind aus der Ehe meiner Eltern war, wurde mir juristisch die vollständige Betreuung meiner Mutter übertragen.

Meine Mutter blieb eine Zeit lang in der Psychiatrie und wurde auf die Medikamente eingestellt. Es war klar, dass sie nicht mehr in ihr altes Leben zurückgehen konnte. In der Umgebung und in dem Haus, in dem sie wohnte, war sie als die komische Alte und böse Hexe verschrien. Wir wollten, dass meine Mutter ein Umfeld bekam, in dem sie noch einmal als die nette Frau Gossen neu beginnen konnte und niemand etwas wusste von dem, was vorher gewesen war. So haben wir ein neues Wohnumfeld für meine Mutter geschaffen, wir organisierten eine Wohnung in einer Einrichtung für betreutes Wohnen.

Danach hat meine Mutter noch einmal aufgehört, ihre Medikamente regelmäßig zu nehmen, wodurch die Krankheit wieder durchkam. Von da an beauftragten wir einen Pflegedienst und es gab morgens und abends eine überwachte Medikamenteneinnahme. Natürlich fühlten wir uns damit auch nicht besonders gut, doch es war hilfreich, dass morgens und abends jemand zu ihr in die Wohnung kam und nach ihr sah. Auf diesem Weg ist meine Mutter, als sie 2007 einen Schlaganfall erlitt, gefunden worden. Ich rief sie zwar jeden Tag an und besuchte sie, aber es gab auch Zeiten in meinem Leben, in denen ich mit meiner Familie und meinem Beruf so beschäftigt war, dass ich meine Mutter nicht 24 Stunden am Tag betreuen konnte. Ich hätte das auch seelisch nicht leisten können.

Die Zeit, in der meine Mutter in der Psychiatrie gewesen war, blieb ein toter Raum zwischen uns. Meine Mutter hat darüber nie gesprochen, sie hat sich auch nie für etwas entschuldigt. Es war wie weggewischt, als hätte es diese Phase gar nicht gegeben. Wir haben versucht, mit ihr darüber zu reden. Doch wenn ich meiner Mutter eine Frage dazu stellte, antwortete sie nicht. Ich habe mir überlegt, wenn es so ist und sie nicht darüber reden kann, will ich es auch ruhen lassen. Es war mir wichtiger, nach vorne zu schauen und zu erreichen, dass wir in der Gegenwart einen guten Umgang miteinander und Verständnis füreinander fanden. So haben wir alle die letzten fünf Jahre, die meine Mutter noch gelebt hat, in umgänglicher Erinnerung behalten, was ein guter Abschluss war.

2001 war auch für mich das Jahr der Wende. Im Zuge der Krankheit meiner Mutter ist die Tür zu meinem spirituellen Horizont aufgegangen. Damals habe ich als Fitnesstrainerin gearbeitet und ich merkte, dass diese berufliche Phase zu Ende ging. Mein Körper hatte genug von Aerobicstunden und Bauch-Beine-Po-Kursen, die ich jahrelang gegeben hatte. In der Fitnessszene gab es die ersten Body & Mind-Kurse und langsam entwickelte sich ein ganzheitlicher Ansatz. So habe ich meinen Übergang zum Yogaunterricht gefunden. Ich merkte, dass ich immer noch Spaß am Unterrichten hatte, doch ich brauchte eine andere Richtung. Gleichzeitig mit meinem Interesse für das Yoga, begann ich mit Reiki zu beschäftigen.

Mein Bruder kannte eine Reiki-Meisterin und wir ließen meine Mutter aus der Ferne behandeln. Nach diesen Behandlungen ging es meiner Mutter immer deutlich besser. Als Kind aus einer Handwerkerfamilie dachte ich: Da gibt es etwas, das wirkt und das ich lernen kann - warum soll ich das nicht selbst anwenden? Es war eine ganz pragmatische Entscheidung. Ich ließ mich von der Reiki-Meisterin zunächst in den ersten Reiki-Grad einführen. Am Anfang war ich noch nicht geschult für diese Art der energetischen Wahrnehmung. Ich habe mit der Reiki-Lehrerin geübt, ihr die Hände aufgelegt und sie hat gespürt, wie stark die Energie geflossen ist. Ich habe es für mich ausprobiert, praktizierte jeden Morgen Reiki und entwickelte Freude daran. Als ich Reiki-Lehrerin geworden war, habe ich auch meiner Mutter einmal in der Woche die Hände aufgelegt. Meine Mutter sagte einmal zu mir: »Kind, wenn du das machst, geh ich nach Hause, lege ich mich auf die Couch und mache noch nicht einmal den Fernseher an, weil ich genieße, dass es mir so gut geht.« Sie sagte auch, nach zweieinhalb Tagen sei diese Wirkung wieder verschwunden. Nach einigen Monaten absolvierte ich den zweiten Reiki-Grad, bei dem ich mich bereits mit Fernheilung beschäftigte und habe meine Mutter aus der Ferne heraus behandelt. Meine spirituellen Ursprünge liegen im Reiki und ich unterrichte es auch heute noch und bilde in Reiki aus. Es kommen auch weiterhin Klienten zu mir, die sich die Hände auflegen lassen. Ich mag es immer noch, es hat eine Struktur und es ist etwas Einfaches. Viele können sich dafür öffnen, kennen es aus früheren Zeiten. Es ist etwas Intuitives, das wir alle kennen und tun, z. B. wenn ein Kind Bauchschmerzen hat. Ich habe meine Mutter sogar in den ersten Reiki-Grad eingeführt. Mit zwei ihrer ältesten Freundinnen hat sie damals ein Reiki-Wochenende bei mir gemacht. Meine Mutter und ihre Freundin waren beide 75 Jahre alt und die dritte war eine 81-jährige, das waren meine ältesten Reiki-Schülerinnen. Dass meine Mutter selbst Reiki praktiziert hat, ist nie wirklich in Gang gekommen. Mir stellt sich heute die Frage, was meine Mutter eigentlich damals praktiziert hat, was das für Heiler waren, die sie getroffen hat und in welche Richtung sie spirituell gegangen ist. Für mich ist es sehr schade, dass meine Mutter jetzt nicht mehr lebt und ich sie all das nicht mehr fragen kann. Heute würde ich sagen, dass in meiner Mutter ein unglaublicher Schmerz gewesen sein muss. Ein Schmerz, der in Form der Krankheit seine Wellen nach außen trug. Ich glaube auch, dass meine Mutter eine Suchende war, doch was sie genau gemacht hat, was die Heiler mit ihr gemacht haben, womit sie sich im Spirituellen beschäftigt hat, das kann ich nicht sagen. Medizinisch gesehen, ist die manisch-depressive Erkrankung oder die bipolare Störung, wie es heute heißt, eine unheilbare Krankheit, die mit Psychopharmaka behandelt wird. Es hat viele Jahre gedauert, bis es bei meiner Mutter diagnostiziert wurde. Ich habe mich mit psychischen Krankheiten beschäftigt, als ich eine Ausbildung zur psychotherapeutischen Heilpraktikerin machte. Ich wollte meine Mutter immer verstehen. Und ich bin froh, dass ich verstanden habe, dass sie an einer Krankheit litt. Das hat es für mich leichter gemacht, die Schuld von von ihr zu nehmen und meiner Mutter zu vergeben.

Ich finde, dass meine Mutter auch eine sehr mutige Frau gewesen ist. Sie hat sich scheiden lassen, dem Zeitgeist der 50er-Jahre und ihren Eltern zum Trotz, und ist ihren eigenen Weg gegangen. Sie hatte ein schweres Schicksal: das Aufwachsen im Krieg, ein schwieriges Verhältnis zur eigenen Mutter, die sie als kalt und lieblos empfand, und später die Pflege meines behinderten Vaters. Wenn ich es von einem spirituellen Standpunkt aus betrachte, hat sie mir dadurch zum Licht verholfen, dass sie von soviel Dunkelheit ummantelt war.

Bahnhöfe
Beruf und Lebensplan

Wie wir alle lebe ich innerhalb von geordneten Strukturen. Zudem bin ich oft mit sehr strukturierten Menschen in meinem Umfeld zusammen. Manchmal bekomme ich den Eindruck, ich müsste auch so sein. Aber ich bin von Natur aus anders: Für meine Seminare, die ich gebe, habe ich keinen Ablaufplan. Es gibt Bahnhöfe, an denen ich im Laufe des Tages anhalte. Und genauso sehe ich das Leben selbst: Es gibt viele Bahnhöfe, unsere Lebenspunkte. An manchen werden wir auf jeden Fall vorbeikommen und anhalten, ob jetzt in direkter Verbindung oder auf Umwegen. Zu den wirklich wichtigen Bahnhöfen werden wir definitiv geführt. Dazwischen gibt es Stationen, an denen wir vielleicht anhalten, vielleicht vorbeifahren. Diese Vorstellung stimmt mich versöhnlich, denn sonst wäre das Leben zu stark vorprogrammiert, wir hätten einen straffen Lebensplan und keinen Spielraum. Aber ich glaube an den freien Willen und an die Landschaften zwischen den Bahnhöfen, die wir selbst wählen können. Doch zu manchen Punkten wird uns das Leben hinführen, so dass wir den Bahnhof auf keinen Fall verpassen. Bevor ich meinen Zugang zur Spiritualität entdeckte, kam ich zunächst in meinem Leben an ganz weltlichen Bahnhöfen vorbei. Ich wusste nach dem Abitur nicht genau, was ich machen wollte. Vielleicht hatte ich auch andere Interessen und bin zu viel ausgegangen. Ich bin zwar nicht abgedriftet, aber am Wochenende bin ich immer drei Tage unterwegs gewesen und manchmal auch unter der Woche. Ich habe mich in der Jugend ausgelebt, was später, als ich mein Kind bekam, auch gut war. Ich konnte mich zurücknehmen, ohne das Gefühl zu haben, etwas zu verpassen. Ich hatte jedenfalls nach der Schule keine Lust mehr auf das Lernen und absolvierte eine Ausbildung als technische Zeichnerin für Heizungs- und Lüftungstechnik in einem größeren Sanitärfachhandel. Ich hatte zunächst den Wunsch, zu studieren und Architektin zu werden, entschied mich jedoch dagegen und machte eine weitere Ausbildung zur Fremdsprachen-korrespondentin für Englisch und Französisch. Ich habe beide Ausbildungen sehr gut abgeschlossen, das wurde in meinem Elternhaus vorausgesetzt. Mein Vater sagte: »Auch wenn du mittendrin keine Lust mehr hast, das wird auf jeden Fall zu Ende gemacht.« Im Nachhinein finde ich das hilfreich, sonst hätte ich vielleicht den Halt verloren. Als junges Mädchen verlor ich immer mal das Interesse an dem, was ich gerade machte. Mein Vater hatte sich für mich immer vorgestellt, dass ich Chefsekretärin werden würde. Nach meiner zweiten Ausbildung arbeitete ich zwei Jahre als Sekretärin an der Hochschule in Aachen bei einem Professor für Statistik und Wirtschaftsmathematik. Es war menschlich sehr nett, doch die Arbeit langweilte mich und ich passte nicht in den langsamen Universitätsbetrieb hinein.

Bis ich 23 Jahre alt war, habe ich zuhause gewohnt - im Nachhinein betrachtet, erscheint mir das recht lange. Doch ich war durch die Krankheit meines Vaters an die Familie gebunden, so würde ich es mit dem Wissen von heute sagen. Wenn ich auf mich in dieser Zeit schaue, sehe ich »die Tochter aus wohlhabendem Hause«, ein Luxusgirl. Mit 18 Jahren hatte ich einen Sportwagen, ich besaß einen Pelzmantel und ich trug eine Rolex am Arm. Das waren Geschenke, die ich von meinen Eltern bekam. Durch Familienaufstellungen habe ich gelernt, dass ich die Wohlstandsrepräsentantin in unserer Familie darstellte. Mein Vater war nicht der Typ dafür, also hüllte er seine Tochter in tolle Kleider und ermöglichte ihr alles, was sie sich wünschte. Auch meine Mutter hat immer schöne Kleider getragen, dafür war sie in ihrem Freundeskreis bekannt. Sie hatte ihren eigenen Stil und hat das Repräsentative gerne ausgelebt. Mein Bruder musste für unseren Wohlstand arbeiten. Natürlich hat sich mein Bruder ebenfalls etwas gegönnt, er ist Porsche gefahren und hat tolle Reisen gemacht. Ich glaube, in allem Unglück, in aller Tragik, die in diesem Leben lag, hat es uns geholfen und manches erleichtert, dass Geld da war.

Ich habe erst später verstanden, dass meine Rolle in der Familie eine andere war. In unserem Familiengefüge war auch ich wichtig, jedoch nicht auf der Ebene des Geldes. Ich habe die Familie zusammengehalten und viel gelöst. Dadurch, dass ich immer wieder Verbindungen geschaffen habe, sind alle gezwungen worden, miteinander zu reden. Das Bindeglied zu sein, ist natürlich keine leichte Position. Es lässt mich immer wieder über das Zusammenspiel von Familien und Beziehungen nachdenken und wie sehr wir darin eingebunden sind. Jeder hat seine Rolle, die er unbewusst ausführt, seinen Platz, den er unbewusst ausfüllt. Ich bin immer wieder die Vermittlerin gewesen.

Nach meiner Arbeit an der Hochschule verwirklichte ich meinen Jungmädchentraum und eröffnete ein Wollgeschäft. Aus dem Hin und Her mit meiner Mutter, das bereits begann, als mein Vater noch lebte, hatte ich einen Fundus an Geld. Manchmal wurde ich enterbt, manchmal wurde ich mit Geld überschüttet und so hatte ich eine Summe, mit der ich das Wollgeschäft führen konnte. Eine Zeit lang habe ich sehr kreativ gelebt, z. B. eine Modenschau veranstaltet und Modelle in Strickzeitungen veröffentlicht. Das Wollgeschäft war zwar kein wirtschaftlicher Erfolg, aber ich hatte gute Ideen und konnte diese umsetzen. Als ich 1990 schwanger wurde, war klar, dass ich nicht die finanziellen Mittel hatte, um jemanden einzustellen. Deshalb verabschiedete ich mich und schloss das Wollgeschäft. Nach der Schwangerschaft wollte ich etwas für meine Figur tun und bin damals in ein kleines Fitnessstudio im nächsten Stadtteil gegangen. 1991 boten die ersten Studios Vormittagskurse für Mütter mit Kinderbetreuung an. Ich war mit Begeisterung dabei, Sport hatte mir schon in der Schule sehr viel Spaß gemacht. Als im Fitnessstudio eine Trainerin gesucht wurde, kam ich darauf, eine Ausbildung zur Aerobictrainerin zu machen und wurde so Fitnesslehrerin. Diesen Beruf habe ich mit Freude ausgeübt. Es war für mich als junge Mutter auch praktisch, da ich meinen Sohn mitnehmen konnte und er als Einzelkind in der Kindergruppe Anschluss fand. Später wechselte ich in ein größeres Fitnessstudio, eine Zeit lang betrieb ich auch ein eigenes kleines Studio. Die Leute kamen zu mir, weil sie bei mir einen qualifizierten Unterricht bekamen. Mit diesem Beruf konnte ich mein Muttersein ausleben und trotzdem eine selbstständige Frau sein und arbeiten. Es ließ sich gut vereinen. 12 Jahre lang habe ich im Fitnessbereich gearbeitet. Ich war später als Abteilungsleiterin, erstellte Kurspläne und bildete die Trainer und Trainerinnen studiointern aus. Es ging vor allem darum, den Kursteilnehmern Esprit und Freude an der Bewegung zu vermitteln. Viele von den Trainern waren ausgebildete Sportlehrer, doch ihnen fehlte die Begeisterungsfähigkeit. Das war etwas, das ich schon immer konnte: Ich bin immer gerne mit Menschen umgegangen und konnte sie inspirieren, Freude vermitteln und motivieren. Ich kannte das von meiner Mutter. Sie hatte bei unseren Karnevalspartys immer kleine Vorträge gehalten, die Gäste unterhalten und sie zum Lachen gebracht. Mein Vater war nicht so. Er war der introvertierte Charmeur, dem die Frauen einfach so zuflogen, alle mochten ihn. Vielleicht habe ich diese sympathische Seite von meinem Vater geerbt und von meiner Mutter die Fähigkeit, mich zu präsentieren und andere zu begeistern.

Durch die Arbeit als Trainerin und Ausbilderin war ich sehr geübt darin, mit Gruppen umzugehen und vor Gruppen zu sprechen. Das hat damals seinen Anfang genommen und setzt sich in meiner heutigen Arbeit in Seminaren und Ausbildungen fort. Damals habe ich auch gelernt, dass ich die Führung übernehmen kann. Als Frau im Fitnessbereich war ich den Männern, die in meine Kurse kamen, körperlich unterlegen. In den ersten Minuten habe ich mir daher immer erst einmal Respekt bei den Männern verschaffen müssen. Diese Durchsetzungskraft habe ich in der Zeit entwickelt und bin damit ganz spielerisch umgegangen. Auch die Männer mussten begreifen, dass ich in dem Kurs die Führung hatte. Das konnte ich ganz klar vermitteln, ohne mich in einem Machtgezerre zu verwickeln. Ich machte meine Position deutlich und konnte danach wieder mit Freude unterrichten.

Bis ich 42 Jahre alt war, war ich Fitnesstrainerin und habe dann den Übergang zum Yogaunterricht gefunden. Ich war noch im gleichen Bereich tätig, wendete mich aber einem ganzheitlichen Ansatz zu. Als Yogalehrerin habe ich eine Zeit lang weiterhin freiberuflich gearbeitet und später eine eigene Yogaschule eröffnet. Mein erster Mann und ich zogen in einen alten Bauernhof in Aachen, in dem in einem Nebengebäude eine Yogaschule möglich wurde. Wir bauten die Räume um, es gab eine Fußbodenheizung und eine große Fensterfront. Es war ein wunderschöner Yogaraum mit Blick in die Wiesen. Durch meinen Umzug ins Ruhrgebiet musste ich irgendwann meine Yogaschule aufgeben und habe sie an eine Kollegin verkauft. Damals war ich schon sehr tief in meine spirituelle Arbeit eingestiegen. Es wurde deutlich, dass ich mich auch vom Yoga verabschieden musste.

Als Vorbereitung auf meine spirituelle Arbeit hat mir der Fitnessberuf gezeigt, wie Körper, Geist und Seele zusammenhängen. Wir dürfen den Körper nicht vergessen, auch nicht in der spirituellen Arbeit. In meiner Vorstellung spricht die Seele über den Körper und vieles, das unsere Seele beschäftigt, manifestiert sich im Körper. Damals waren die Bücher von Rüdiger Dahlke die Anfänge dieser Haltung. Im Yoga waren Körperübungen und spirituelle Arbeit vereint. Heute ist es manchmal noch von Vorteil, wenn ich sagen kann, dass ich ausgebildete Yogalehrerin bin, weil Yoga mittlerweile gesellschaftsfähig geworden ist. Bei manchen Skeptikern, denen ich begegne, kann ich über die yogische Philosophie argumentieren und ihnen meine Themen und meine Sicht auf das Leben näher bringen. Der Begriff Yoga ist ein guter Mantel, unter dem ich vieles fassen kann. Auch heute binde ich Körperübungen in meine spirituelle Arbeit ein, doch da ich später eine körperliche Erschöpfungsphase erlebte, musste ich das Trainieren und anstrengende Übungen aufgeben.

Nachdem 2001 durch die Krankheit meiner Mutter das Tor zum Thema Spiritualität geöffnet war, habe ich quasi mit allem gleichzeitig angefangen. Zuvor hatte ich durch das spirituelle Interesse meiner Mutter sicherlich schon eine Antenne dafür. Es war eine Dunstwolke, die über unserer Familie hing. Es begann ein neuer Lebensabschnitt für mich: Ich habe die Welt ganz anders betrachtet, war fasziniert von den Themen und bin sozusagen mit dem Schnellzug losgefahren. Ich habe überall hingeschaut: Ich interessierte mich neben dem Reiki für Aufstellungsarbeit, für das Kartenlegen, für die Arbeit mit Engeln und bin selbst zu medialen Sitzungen gegangen. Neben meiner Arbeit als Yogalehrerin wuchs mein Interesse an klassischem Coaching und ich machte auch in diesem Bereich eine Ausbildung. Ich gab Reiki-Sitzungen und bildete ab 2003 andere in Reiki aus. Schließlich ließ ich mich auch in systemischer Aufstellungsarbeit fortbilden.

Im Hinblick auf meinen spirituellen Weg, denke ich, dass dieser Bahnhof auf jeden Fall in meinem Lebensplan steht. Wenn ich Bücher von anderen medialen Beraterinnen und Beratern lese, gibt es viele, die von sich sagen, sie seien schon als Kind medial veranlagt und auf einem spirituellen Weg gewesen. Das kann ich von mir nicht sagen. Trotzdem ist es ein Bahnhof, zu dem ich in jedem Fall gekommen wäre. Viele Menschen spiegeln mir, dass ich verbunden mit der Spiritualität eine gute Einheit bilde und ich spüre dasselbe.

Während der Arbeit an diesem Buch habe ich mit einer Freundin darüber gesprochen. Ich sagte, dass ich das Buch nicht schreibe, nicht mehr spirituell arbeite und einfach nur noch Kaffeetrinken gehe. Manchmal überkommen mich diese Zweifel. Doch meine Freundin sagte: »Du bist viel zu weit gegangen, als dass du jemals zurückkehren könntest.« Und da hat sie recht. Ich bin verbunden mit den spirituellen Themen und ich möchte sie gerne in ein modernes Weltbild integrieren. Ich habe unter der Krankheit meiner Mutter gelitten und aus ganz pragmatischen Gründen mit Reiki angefangen. Dieser Pragmatismus in der Spiritualität ist meine besondere Note. 2006 hielt ich an einem weiteren Bahnhof, der mir noch einmal eine ganz neue Art der Wahrnehmung eröffnete. Ich habe nicht danach gesucht, mein Leben hat mich dorthin geführt:

Ich wurde gefragt, ob ich ein Medium werden wolle.

Übersetzungsarbeit
Meine Ausbildung zum Medium

Im Zuge meines Interesses für alles Spirituelle ging ich selbst zu einer medialen Beraterin. Doch ich habe mir nie vorgestellt, mich darin ausbilden zu lassen. Diese Beraterin, Regina, sprach mich eines Tages an und sagte, sie biete ein Orientierungswochenende für eine mediale Ausbildung an. Ich war neugierig und habe meine Freundin Roswitha ebenfalls überzeugt. Wir sind dort ganz unbedarft hingefahren, als hätte uns jemand gefragt, ob wir mal zum Yoga, zum Eislaufen oder in den Freizeitpark mitkommen wollen. Doch an diesem Wochenende habe ich sehr viel verstanden. Regina hat zwei Tage lang Übungen angeleitet, und ich merkte: Ich kann das. Es fällt mir leicht. Und ich habe tief in meinem Inneren gewusst, dass ich diese Art der Wahrnehmung, diese Fähigkeit immer schon in mir hatte. Ich hatte Feuer gefangen.

Die klare Schlussfolgerung war für mich, dass ich mich für die mediale Ausbildung entschied. Es war wiederum eine ganz pragmatische Entscheidung: Ich kann das und will wissen, wie es weitergeht, wie das funktioniert und was das eigentlich ist. Meine Freundin Roswitha, die auch sehr große mediale Fähigkeiten hat, hatte sich dagegen entschieden. In der Ausbildung habe ich auf einem Klappstühlchen an sechs Wochenenden bei Regina im Wohnzimmer gesessen. Regina ist Australierin und eine ganz besondere Frau, von der ich viel lernen durfte. Sie lebte in einem kleinen Haus, das mir wie ein Knusperhäuschen vorkam. Da gab es keinen professionellen Seminarraum mit Flipchart und Beamer. Wir saßen mit acht Teilnehmern auf den einfachsten Klappstühlen und aßen selbstgemachte Frikadellen, denn jeder musste etwas zum Mittagsbuffet beitragen. Und in diesem kleinen Hutzelhäuschen habe ich von Regina alles gelernt.

Doch was genau lernten wir dort? Es ist schwierig in Worte zu fassen, wie eine mediale Ausbildung abläuft, was in der Channel-Ausbildung von Regina passierte und wie mediale Arbeit an sich funktioniert. Wir haben immer mit zwei Meditationen begonnen. In meiner medialen Ausbildung nenne ich das vorbereitende Übungen: Es ist ganz wichtig, die Selbstfürsorge in die mediale Arbeit einzubinden, sich selbst gut zu kennen und zu umsorgen und die eigene Wahrnehmung, den eigenen Geist beobachten zu können. An vielen Übungen haben wir die Schulung unserer Wahrnehmung praktiziert. Es geht dabei darum, sich mit der eigenen Intuition und einer anderen Wahrnehmungsebene zu verbinden. Wir wurden in die mediale Übersetzungsarbeit eingeführt.

Wenn ich als Medium arbeite, bin ich nichts anderes als eine Übersetzerin. Ich bekomme Informationen aus einer anderen Ebene. Das können Bilder, sprachliche Formulierungen, Sinneseindrücke oder energetische Schwingungen sein. Diese Informationen zu übersetzen, zu kanalisieren - das habe ich in der Channel-Ausbildung bei Regina gelernt. Man kann sich die Informationen wie einen Energiefluss oder eine Quelle vorstellen. Die Verbindung des Klienten zu dieser Quelle ist jedoch unterbrochen bzw. kann er diese Verbindung momentan nicht herstellen. Ich bin in der Lage, mich über meinen medialen Kanal mit der Quelle meines Gegenübers zu verbinden. Ich gehe in Kontakt mit der Quelle des Klienten, bringe meine Energie dazu nach oben, so dass ich einen Punkt der Verbindung finden kann. So wird alles Wissen, das in der Quelle des Gegenübers gesammelt ist, durch mich hindurch zu dem Empfänger transportiert. Ich als Medium bin darin geübt, diesen Energiefluss in Sprache zu übersetzen, über eine Bildersprache Gefühle zum Ausdruck zu bringen, die Energie in etwas menschlich Verständliches zu transformieren.

Die mediale Arbeit ist immer ein Dienen für denjenigen, der zu mir kommt, der auf der Suche nach Hilfe und Antworten ist. Dienen und Hingabe sind zwei große Überschriften meiner Arbeit. Als Übertragende habe ich die Aufgabe der Wahrheit und der Klarheit zu dienen. Ich bin fest davon überzeugt, dass wir alle diese Sprache sprechen könnten, wenn wir unsere intuitive Wahrnehmung schulen. Dann bräuchte es mich als Übersetzerin gar nicht. Und das ist es auch, wo meine Reise hingeht. Mit diesem Buch und auch durch meine Ausbildungen möchte ich immer mehr Menschen diese Fähigkeit vermitteln, so dass sie selbst diese Art der Wahrnehmung lernen und mit einer höheren Ebene in Verbindung gehen können.

Natürlich hat diese Wahrnehmungsschulung mich viel Übung gekostet, auch wenn ich einen spontanen und relativ leichten Zugang zur medialen Arbeit hatte. In Reginas Ausbildung haben wir Teilnehmer miteinander geübt. Mein Übungspartner hat mir Fragen zu seinem Leben gestellt und ich habe dazu Antworten unterschiedlichster Natur bekommen. Stellen wir uns eine Frage vor: »Soll ich diesen Job annehmen oder die Stadt wechseln?« Dazu kann es ein deutliches ‚Ja‘ oder ‚Nein‘ als Antwort geben. Oder ich empfange zwei Sätze, aus denen klar wird, wohin der Weg führt. Manchmal liegen die Antworten jedoch auch im Verborgenen: Ich sehe eine Szene, ein Bild, z. B. einen Marktplatz im Mittelalter und einen Karren. In der Ausbildung habe ich gelernt, diese Szenen zu übersetzen und in Worte zu fassen. Auch die Bedeutung der Bilder begriff ich nach und nach. Ich lernte zu unterscheiden, ob ein Szenario eine symbolische Bedeutung hat oder vielleicht in einem früheren Leben stattfand.

Natürlich kam mir das Channeling am Anfang auch fremd, seltsam und absurd vor. Ich hatte und habe weiterhin einen inneren Anteil, der gleichzeitig sagt: »Was redest du denn jetzt? Was passiert hier? Damit kann ich nichts anfangen!« Während meiner medialen Anbindung ist meine Verstandesebene nicht ausgeschaltet. Heute arbeite ich aktiv mit diesen Anteilen: Es gibt den medialen Teil in mir und den rationalen Teil. Auch letzteren brauchen wir und wir sollten ihn bei aller Spiritualität nicht vergessen. Sonst passiert es leicht, dass wir abdriften und uns nur noch auf höheren Ebenen bewegen und nicht mehr im alltäglichen Leben zurechtkommen. Manchmal funkt mir der Verstandesanteil auch in medialen Sitzungen dazwischen: Ich bin Übersetzerin für mein Gegenüber und plötzlich höre ich meine innere Stimme Einwände erheben und sich beschweren. Ich habe jedoch gelernt, mit dem Verstandesanteil freundlich umzugehen. Ich habe ein inneres Bild kreiert, ein großes Sofa, auf das ich den Verstand setze und sage: »Schön, dass du da bist. Ich brauche dich auch. Gleich bist du wieder dran. Aber jetzt beruhige dich, setz dich hin und sei still.« Das freie Durchlassen und das Aussprechen der gechannelten Informationen erfordert viel Mut. Es ist, als würden wir Radfahren lernen und den Berg herunterfahren. Um ins Rollen zu kommen, hilft es uns nicht, wenn wir die Bremse verkrampft festhalten. Doch es ist ratsam, die Hände zur Sicherheit an der Bremse zu haben.

Die Informationen, die ich empfange, kommen in unterschiedlicher Stärke. Manchmal ist die Energie schwach, manchmal gibt es Informationen mit mittelstarker Energie, aber es gibt auch sehr starke Schwingungen. Letztere sind für den anderen, für mein Gegenüber, meine Klienten sehr wichtig. Die wichtigen Informationen kommen bei mir an wie ein Mantra, das minutenlang wiederholt wird. So gebe ich es auch weiter: »Dies ist eine wichtige Information. Pass auf, schau dir das genau an, merke dir das.« Anderes können meine Klienten als gehört mitnehmen, das kann wichtig sein, muss es aber nicht. Manche Informationen klingen für mich wie »nebenbei bemerkt«. Manchmal sehe ich Dinge, die die Zukunft betreffen, bei denen ich mir sicher bin, dass sie eintreffen werden. Dennoch bleibt zu bedenken, dass es keine hundertprozentige Sicherheit dieser Vorhersagen gibt. Wer zu einem Medium geht, trägt weiterhin die Verantwortung für das eigene Leben - unabhängig davon, was bei einer medialen Sitzung herauskommt. Ich habe viele kritische Klienten, die nicht an meinen Lippen hängen und meine Worte demnach auch nicht unbedingt als Wahrheit verstehen. Es würde mir nicht gefallen, wenn eine Art Abhängigkeit entsteht und meine Klienten sich vollständig nach dem richten, was sie in ihren medialen Sitzungen erfahren. Es sind lediglich Impulse, die ich gebe. Sie haben die Freiheit, es zu verwenden oder nicht. Oft erlebe ich auch, dass im ersten Moment der Sitzung kein Verständnis für die übermittelten Informationen da ist, diese jedoch kontinuierlich nachschwingen. Klienten berichten, dass ihnen Wörter, Sätze oder Bilder immer wieder ins Gedächtnis gekommen sind. Dadurch entwickeln die Botschaften ihre Wirkung und transportieren diese in die Realität. Wieviel Verantwortung mit der medialen Arbeit einhergeht, habe ich zum Ende meiner Ausbildung erfahren und auch noch einmal ganz extrem in meiner allerersten Sitzung, die ich meiner Freundin Roswitha gegeben habe. Darauf komme ich später zurück.

Als sich die Ausbildung dem Ende und dem Höhepunkt näherte, machten wir eine Übung, die ich »freies Channeln« nenne. Wir waren in der Anbindung an die höhere Ebene, unsere Lehrerin Regina channelte die Quelle für uns. Das kann man sich als Live-Übersetzung vorstellen, als spräche jemand aus einer höheren Ebene zu der gesamten Gruppe. Wir spürten eine unglaubliche energetische Präsenz im Raum, die uns allen klarmachte, um was es ging, wenn wir mit unserem Wissen in die Welt hinausgingen. In diesem Moment wurde ich gefragt: Willst du es tun oder nicht? Ich saß in diesem Moment bei Regina im Wohnzimmer auf meinem Klappstühlchen und es fühlte sich an, als würde mir etwas ganz Großes in die Hände gelegt. Während dieses Channelings wurde uns klargemacht, dass die mediale Arbeit eine sehr verantwortungsvolle Aufgabe ist. Es gab diesen Moment, in dem ich mich zu entscheiden hatte. Das ‚Ja‘, für das ich mich entschied, hieß:

Du bist ab heute ein Medium mit allem, was es bedeutet.

Doch ich glaube, keiner von uns hat in diesem Moment wirklich verstanden, was es tatsächlich heißt. Bis heute habe ich durch diese Erfahrung eine tiefe Demut in mir. Mir wurde in dem Moment klar, dass es eine Macht ist - im positiven wie im negativen Sinne. Dass es möglich ist, mit dieser Macht nicht verantwortungsvoll umzugehen, so dass sich die Gabe in etwas Zerstörerisches verwandelt. Für mich ist es keine Frage: Ich möchte meine medialen Fähigkeiten zum Wohle der Menschen einsetzen. Und ich arbeite daran, dass ich diese Demut ein Leben lang behalte und immer wieder reflektiere: Was kann ich damit tun? Was kann ich damit bewirken? Auch das lehre ich die Teilnehmer in meinen Ausbildungen. Es ist wichtig, sich immer wieder bewusst zu sein, dass wir den Menschen mit Liebe und Hingabe dienen sollen.

Ich selbst habe nach meiner Ausbildung angefangen, mediale Sitzungen zu geben. Wenn ich etwas gelernt habe, probiere ich es aus und will wissen, ob es funktioniert. Da schlägt mein pragmatisches Naturell wieder durch. In dem alten Bauernhof, in dem ich meine Yogaschule hatte, gab es einen zweiten Raum für die medialen Beratungen. Natürlich setzte ich nicht sofort eine Anzeige in die Zeitung. Doch wem gab ich als erstes eine mediale Sitzung? Ich hatte immer spirituell interessierte Freundinnen und wollte gerne üben. Meine Freundin Roswitha war mit mir bei dem Probewochenende der Ausbildung bei Regina gewesen und hatte Interesse. Ich kannte natürlich die Übungen und hatte sehr vieles in der Ausbildung gelernt, doch in der medialen Arbeit ist es wie mit allem anderen auch. Zwar wird uns in der Fahrschule das Fahren beigebracht. Doch was es wirklich heißt, im Straßenverkehr unterwegs zu sein, lernen wir erst, wenn wir alleine im Auto sitzen und fahren. Und gleich in dieser allerersten Sitzung habe ich gelernt, was es heißt, ein Medium zu sein.

Roswitha und ich hatten uns also für unsere erste gemeinsame mediale Sitzung verabredet. Damals lebte Roswithas an Demenz erkrankter Schwiegervater mit ihr und ihrem Mann auf ihrem Bauernhof. Roswitha und ihr Mann hatten sich vorgenommen, den Schwiegervater in seiner letzten Lebensphase zu pflegen, so dass er bis zu seinem Tod auf diesem Hof bleiben durfte.

Roswitha kommt zu mir. Wir sitzen uns gegenüber. Roswitha hat einige Fragen mitgebracht und stellt sie mir. Doch ich bekomme plötzlich Bilder: Es kommt ein Bild von einem Rettungswagen. Dieser Rettungswagen fährt zu Roswithas Hof. Es ist ganz klar, dass der Rettungswagen für den Schwiegervater bestimmt ist. Mit dieser Information geht eine sehr starke Energie einher. Der Rettungswagen holt den Schwiegervater ab und bringt ihn ins Krankenhaus. Er wird im Krankenhaus sterben und nicht bei Roswitha und ihrem Mann auf dem Hof. Es geht darum, dass Roswitha, wenn es so kommt, den Schwiegervater gehen lassen muss.

Für mich ist es eine schwierige Situation. Ich empfange diese Bilder über meinen Kanal und will sie nicht an meine Freundin weitergeben. Ich weiß, dass sie sich für ihren Schwiegervater etwas anderes vorgestellt hat. Ich weiß, wenn ich meiner Freundin diese Botschaften überbringe, entsteht ein Chaos. Ich bringe meine Freundin und mich selbst über diese Channelarbeit in eine chaotische Situation. Also versuche ich, die Informationen zurückzuhalten. Doch das funktioniert nicht. Ich *werde* gesprochen. Mein Wille wird ausgeschaltet und ich höre mich selbst reden. Ich gebe die Bilder an meine Freundin weiter, ohne dass ich es selbst will. Meine Worte treffen sie wie ein Holzhammer. Am Ende der Sitzung steht Roswitha auf und sagt: »Sei nicht böse, aber ich muss jetzt erstmal nach Hause gehen und ich gucke mal, wann ich dich wieder anrufe.«

Beide waren wir da wie gelähmt. Zwischen uns herrschte ein paar Tage Funkstille. Ich habe mich gefragt: Was hast du bloß angestellt? Was machst du da überhaupt? Willst du das nochmal jemals ein zweites Mal anwenden nach diesem Erlebnis? Ich hatte noch mehr Fragezeichen im Kopf als vorher. Eigentlich wollte ich doch Medium werden, um den Menschen zu mehr Klarheit in ihrem Leben zu verhelfen und jetzt das?! Meine Freundin Roswitha rief mich nach einigen Tagen an. Sie sagte, sie musste die Sitzung erst einmal verarbeiten, was ich sehr gut verstehen konnte, mir ging es genauso. Ich sagte, vielleicht stimme das alles nicht, ich sei Lehrling, wir sollten das wegschieben und ob wir bitte einfach weiter Freundinnen sein könnten. Darauf verständigten wir uns: Wir schoben die Sitzung beiseite und hakten es als ein schreckliches Erlebnis ab.

Doch es dauerte keine Woche, bis mich Roswitha noch einmal anrief und sagte: »Du glaubst nicht, was passiert ist: Der Rettungswagen ist gerade gekommen. Es ist mir wichtig, dir das zu sagen.« Es ist unvorstellbar, was in diesem Augenblick in ihr vorging und was in mir vorging. Sie sagte, der Rettungswagen habe den Schwiegervater mitgenommen. »Ich habe ihn gehen lassen. Danke, dass du mir das vor einer Woche gesagt hast. Ich hätte ihn ohne das nicht so leicht gehen lassen können.«

Der Schwiegervater war hingefallen und hatte eine Platzwunde am Kopf, es war also keine Katastrophe eingetreten. Doch als der Schwiegervater ins Krankenhaus kam, wurde festgestellt, dass er aufgrund seiner Demenz in ärztlicher Betreuung bleiben musste. Es wurde deutlich, dass er nicht auf dem Hof gepflegt werden konnte. Das Wissen, dass dies richtig für ihn war, war für Roswitha die Essenz aus der medialen Sitzung. Dadurch konnte sie akzeptieren, dass es für alle Beteiligten das Beste war und nicht das, was sie und ihr Mann sich ursprünglich ausgedacht hatten. Roswithas Schwiegervater wurde auf einer Station für Menschen mit Demenz untergebracht und blieb dort bis zu seinem Tod nach einigen Monaten. Diese erste mediale Sitzung und alles, was danach folgte, war ein unglaubliches Schlüsselerlebnis für mich. Ich werde nie den Moment vergessen, in dem Roswitha am Telefon sagte: »Der Rettungswagen ist gerade gekommen.« In diesem Moment legten sich die Bilder der medialen Sitzung und die Realität übereinander und ich wusste, dass ich mir nichts ausgedacht hatte. Ich habe verstanden, warum es wichtig war, dass diese Informationen ausgesprochen wurden und dass sie Roswitha erreichten.

Dieses Erlebnis hat meine mediale Arbeit stark beeinflusst. Von da an habe ich mir sehr genau überlegt, wem ich eine mediale Sitzung gebe. Besonders, wenn es um Menschen geht, die mir nahe stehen. Denn die andere Ebene - die freundschaftliche, kollegiale oder welche auch immer - ist stets betroffen. Durch diese erste Sitzung geriet die Freundschaft zwischen Roswitha und mir in Gefahr. Ich hatte meiner Freundin eine Ohrfeige verpasst und damit hatten wir beide nicht gerechnet, als wir uns darauf einließen. Wir wussten beide am Ende dieser Sitzung nicht mehr weiter.

Ich habe mein Meisterstück gemacht in dieser allerersten Sitzung. Es war, als würde ich direkt nach meiner Fahrprüfung an den Start eines Autorennens gestellt. Zu erleben, dass mein Wille ausgeschaltet wurde, dass ich gesprochen *wurde*, war schmerzhaft. Doch es zeigte mir auch, auf was ich mich eingelassen hatte. Ich habe damals erlebt, wie es ist, wenn du als Medium arbeitest und versuchst etwas zurückzuhalten und dass eben genau das nicht funktioniert. Für mich resultierte daraus die Einsicht: Wenn du ein Medium bist, bist du ein Medium und alle anderen Ebenen sind dem untergeordnet. Ich hätte meiner Freundin keine Sitzung geben müssen, doch wir hatten beide ‚Ja' gesagt. Ich weiß nicht, wie sich die mediale Arbeit für mich entwickelt hätte, wenn es anders gekommen wäre, wenn sich Bilder der Sitzung nicht so zeitnah realisiert hätten, wenn meine Freundschaft zu Roswitha daran zerbrochen wäre, ob sich nicht eine Hemmung entwickelt hätte für diese Arbeit. Die Bilder wurden zeitnah entschlüsselt und ich wusste, ich hatte weder gesponnen, noch Roswitha geschadet. Die Dringlichkeit in der Zeit zeigt mir heute, wie wichtig es war gesprochen zu werden. Es war wichtig, dass meine Freundin die Botschaft bekam, den Stiefvater gehen zu lassen. Das haben wir beide verstanden. Die Sitzung war eine Prüfung und eine Bestätigung zugleich.

Ich lernte aus dieser Erfahrung, dass ich keine leichte Aufgabe gewählt oder bekommen hatte. Das sage ich auch allen Teilnehmern in meinen Ausbildungen. Es ist wichtig, sich der Tragweite dessen bewusst zu sein, was die medialen Botschaften in anderen Menschen auslösen können. Es ist wichtig, die Rolle der Dienerin ‚des größeren Wissens' anzunehmen und zu akzeptieren, dass wir an mancher Stelle Dinge sagen müssen, die das Gegenüber nicht hören möchte. Manchmal gibt es einen Spielraum, manchmal nicht. Damals, mit Roswitha, hatte ich keinen. Das Schöne ist, dass ich meine mediale Arbeit nicht beendet habe und mit der Zeit verstanden habe, dass die Botschaften immer hilfreich sind, so schmerzlich sie am Anfang erscheinen mögen.

Die Botschafterin
Ankündigungen, Träume und Tod

Schon vor meiner Ausbildung und vor der späteren Arbeit als Medium hatte ich prägende Träume und Wahrnehmungen, die mir bis heute in lebhafter Erinnerung geblieben sind. Bereits Anfang der neunziger Jahre, lange vor dem Interesse an spirituellen Fragen, träumte ich vom Tod eines mir nahestehenden Nachbarn, der fast im gleichen Moment auch tatsächlich eingetreten war.

Es war ein Traum, den ich in den frühen Morgenstunden hatte. Während ich schlief, sah ich einen kranken Mann. Er trug ein weißes Hemd und lag auf einer Trage. Außerdem sah ich einen Rettungswagen. Es dauerte gefühlt sehr lange, bis diese Informationen da waren, bis sich das Traumbild klar zusammensetzte. Das Bild, in dem der Mann im Hemd auf der Bahre lag neben dem Rettungswagen, erschien mir fast wie ein Standbild, das sich über einen längeren Zeitraum nicht veränderte. Es war begleitet vom Gefühl eines Ringens um etwas. Mit den Bildern eines Traumes gehen immer bestimmte Gefühle einher. Im Moment des Träumens wusste ich genau, was dieses Bild bedeutete. Ich hatte den Eindruck des Ringens und es war klar, dass um das Leben des Mannes gerungen wurde. Er selbst rang um sein Leben, die Sanitäter rangen um ihn. Gleichzeitig mit diesem Bild kam die Information, das sichere Wissen, dass der

Mann es nicht schaffen würde. Es war ein Traum, der mich sehr mitnahm, da ich das Gefühl hatte, dass er etwas mit mir zu tun hatte, dass ich den Mann im Traum kannte.

Ich bin nach diesem Traum ganz früh wach geworden und konnte nicht gleich wieder einschlafen. Um sechs Uhr morgens klingelte es an der Haustür und einer unserer Nachbarn teilte mir mit, dass Ernst gestorben sei, er habe in dieser Nacht einen Herzinfarkt erlitten. Ernst wohnte direkt nebenan. Als ich diese Nachricht hörte, wusste ich, was ich geträumt hatte. Im Traum hatte ich Ernst über der Trage schwebend gesehen. Und mit diesem Bild war klar, dass er geht.

Zuvor hatte ich mich lediglich nach dem Sterben meines Vaters mit dem Tod und spirituellen Zusammenhängen beschäftigt und danach abrupt damit aufgehört. Das Erlebnis mit unserem Nachbarn war insofern erschütternd und berührend für mich, weil es mir im Nachhinein vorkam, als hätte ich die Situation tatsächlich miterlebt. Ich habe das mit meinem damaligen Mann besprochen, weil mich der Traum und das, was ich gesehen hatte, sehr beschäftigte. Es war unglaublich, das Ringen um dieses Leben mitzuerleben und die langsam entstehende Erkenntnis: Er geht jetzt, wir haben es nicht geschafft. Später habe ich mich oft gefragt, warum mir das gezeigt wurde? Ich hatte ein gutes Verhältnis zu Ernst, wir waren uns einfach sympathisch und hatten einen Draht zueinander. Die Antwort, die ich gefunden habe, ist: Es wurde mir schon damals gezeigt, welche Wahrnehmungen möglich sind. Es war wie eine kleine Vorausschau auf das, was sich später in meinem Leben noch viel stärker entwickeln würde. Damals habe ich das Erlebnis nicht einordnen können, und der Traum hatte keine weiteren Konsequenzen für mich.

Heute beachte ich meine Träume, denn der Traum hat sich auch zu einem medialen Kanal entwickelt. Ich sehe öfter Bilder in dieser Art. Wenn mir gezeigt wird, dass ein Mensch geht oder auf der Schwelle zum Tod ist, steht oder liegt sein Körper in der Luft. Das heißt für mich nicht unbedingt, dass die Person tatsächlich stirbt. Ich habe es auch schon erlebt, dass Menschen, die ich auf diese Weise wahrgenommen habe, noch einmal ins Leben zurückgekehrt sind. Dennoch ist dieses Stehen oder Liegen in der Luft ein Zeichen für den nahenden Tod.

Im Hinblick auf den Ehemann einer meiner Freundinnen hatte ich eine ähnliche Wahrnehmung. Ihr Mann hatte einen Schlaganfall erlitten. Ich habe ihn damals wie auf einer Insel gesehen, als sei er schon sehr weit weggegangen. Der Wunsch meiner Freundin war natürlich, ihn noch einmal ins Leben zurückzuholen. Im Zuge unserer Sitzung hat sie ihn mit meiner Hilfe darum gebeten. Als mediale Beraterin wende ich mich an die Seele desjenigen, der auf der Schwelle zum Tod steht, und es ist klar, dass die Entscheidung demjenigen oder der Seele an sich überlassen wird. Es ist mir wichtig, dass den Menschen, die mich hinzuziehen, klar ist, dass ich in keiner Weise manipulativ arbeite. Ich weiß auch gar nicht, inwiefern das möglich wäre, aber ich möchte keinen Einfluss nehmen auf Dinge, auf die ich keinen Einfluss haben sollte. Ich frage die göttliche Quelle, übermittle die Bitte meines Gegenübers - mehr kann ich nicht tun. Meine Freundin hat ihren Mann oder die Seele ihres Mannes angesprochen, gefragt, gebeten, ob er noch einmal zurückkommen wolle. Ihr Mann ist damals ins Leben zurückgekehrt und nicht gestorben. Doch ein anderer Ausgang der Situation wäre ebenso möglich gewesen.

Die zweite Vorausahnung, die ich vor meiner medialen Ausbildung hatte, war der Tod meiner Mutter. Sie starb im Jahr 2007. Vier Jahre zuvor war ich bei einem Seminar im Rahmen einer Ausbildung zur spirituellen Lebensberaterin. Innerhalb einer Meditation sah ich ein Krankenzimmer mit weißen Wänden. Sauerstoffanschlüsse waren auf einer Leiste an der Wand angebracht. Meine Mutter lag im Bett, sie trug ein klein gemustertes Nachthemd. Die Information, das Wissen, der Eindruck, der mit diesem Bild ganz klar einherging, war: Sie stirbt jetzt.

Damals konnte ich die Bilder nicht zuordnen, weil meine Mutter mit ihrer Abneigung gegen Ärzte und alles Medizinische nie ins Krankenhaus ging. Ich weiß noch, wie ich meiner Freundin, die mit mir in der Ausbildung war, davon erzählte. Meine Freundin beruhigte mich und sagte: »Wenn deine Mutter gerade nicht krank ist, bleib locker.« Ich musste dieses Erlebnis erst einmal verarbeiten: das Bild vom Krankenzimmer gekoppelt mit der Information vom Tod meiner Mutter. Dennoch hatte ich keine Leiche gesehen, nur meine Mutter im Krankenbett und das einprägsame Muster ihres Nachthemds. Doch meiner Mutter ging es gut, also parkte ich diese Bilder, schob sie weg, denn zum damaligen Zeitpunkt gab es keinen Anlass zur Beunruhigung - meine Mutter war nicht krank. Es war in der Zeit, als sie auf ihre Medikamente eingestellt war und wir noch eine friedliche Phase miteinander hatten.

Vier Jahre später bekam ich einen Anruf von der Einrichtung für Betreutes Wohnen, in der meine Mutter lebte: »Ihre Mutter hatte einen Schlaganfall. Sie wurde heute Morgen von der Krankenschwester bewusstlos aufgefunden. Bitte fahren Sie ins Krankenhaus.« Ich war damals die gerichtliche Betreuerin meiner Mutter und fuhr in das Krankenhaus. Ich machte die Tür des Krankenzimmers auf und sah genau das Bild, das ich Jahre zuvor in der Meditation gesehen hatte: Meine Mutter im Krankenhausbett, Sauerstoffanschlüsse, ich habe das Muster des Nachthemdes wiedererkannt. Im gleichen Moment wusste ich, um was es ging - ihren Tod.

Nach dem Krankenhausbesuch rief ich meine Freundin an, die damals bei der Ausbildung und in der Meditation mit dabei war. Ich fragte sie: »Kannst du dich noch daran erinnern, dass wir damals diese Meditation gemacht haben und was ich dort gesehen habe?« Ich erzählte ihr davon, dass sich genau dieses Bild aus der Meditation bewahrheitet hatte.

Meine Freundin sagte: »Beruhige dich, du weißt doch überhaupt gar nicht, was jetzt passiert.« Ich sagte: »Ich habe das Muster des Nachthemds wiedererkannt.« Danach hat meine Freundin nichts mehr gesagt. Und ich wusste, dass meine Mutter sterben würde.

Diese Vorausschauen, diese Ankündigungen kenne ich mittlerweile sehr gut und sie begegnen mir im alltäglichen Leben oft, nicht nur in meinen medialen Sitzungen. Auf der einen Seite war es natürlich schrecklich zu wissen, dass die eigene Mutter bald sterben würde. Auf der anderen Seite wusste ich genau, um was es damals ging und ich brauchte mir selbst nichts mehr vorzumachen, nicht zu hoffen und ich hatte eine Klarheit in mir. Zum Zeitpunkt, als meine Mutter ins Krankenhaus kam, hatte ich die Channelausbildung schon gemacht. Nach dem Erlebnis im Krankenhaus, diesem Wiedererkennen der Situation aus der Meditation Jahre zuvor, habe ich mich am nächsten Tag mit der göttlichen Quelle verbunden. Ich habe ein Bild meiner Mutter gesehen, wie sie schon halb auf der anderen Seite war. Für mich selbst habe ich innerlich nach und nach Abschied genommen und mich auf den Tod meiner Mutter vorbereitet. Ich habe meiner Mutter auf Seelenebene und auch an ihrem Krankenbett gesagt: »Wenn du jetzt gehen möchtest, ist das für mich in Ordnung.« Ich wusste, dass es ihr Wunsch war, nicht als Pflegefall dahin vegetieren zu müssen. Aus meiner Beschäftigung mit dem Tod wusste ich außerdem, dass die

Menschen ihren Angehörigen zuliebe oftmals am Leben festhalten, weil diese noch nicht loslassen können, und das wollte ich auf keinen Fall.

Der Prozess des Abschieds hat in den nächsten Wochen tatsächlich stattgefunden: Meine Mutter war ein paar Tage auf der Intensivstation, sie war rechtsseitig gelähmt und konnte nicht mehr sprechen. Vier Wochen blieb sie in diesem Krankenhaus und wurde danach in eine Rehabilitationsklinik überführt. Dort starb sie innerhalb von drei Tagen. Der Arzt rief an und sagte, unsere Mutter sei tot, doch sie wüssten nicht, woran sie letztendlich gestorben sei. Für uns als Familie, meinen Bruder und mich, war das in Ordnung und keine große Überraschung mehr. Wir wussten in der ganzen Zeit, dass es so kommen würde. Ich hatte meinem Bruder von meiner Vorausahnung erzählt und wir waren darauf vorbereitet.

Ich habe meine Mutter in dieser Phase nur noch ein einziges Mal sprechen hören, obwohl das medizinisch eigentlich nicht mehr möglich war. Bevor mein Sohn auf Klassenfahrt ging, besuchte er sie noch einmal in der Rehaklinik. Ich saß an ihrem Bett, meine Mutter hatte seit Wochen nicht gesprochen. Mein Sohn kam durch die Tür und sie sagte ganz klar und deutlich: »Das ist der Philipp.« Das ist der letzte gesprochene Satz, den ich jemals von meiner Mutter gehört habe. Er kam wie aus dem Nichts. Meine Ohren haben diesen Satz gehört, mein Sohn hat ihn auch gehört. Und wir fragten uns: Wie geht das jetzt? Wie geht das medizinisch? Es konnte einfach nicht sein. Mein Sohn erzählte mir im Nachhinein, dass er wusste, dass er seine Oma nie mehr wiedersehen würde. Ich habe ihn ein paar Tage später nach seinem Besuch angerufen und hatte mir fest vorgenommen, ihm nicht zu sagen, dass die Oma gestorben sei. Doch es hat keine drei Minuten gedauert und mein Sohn fragte: »Was ist mit Oma?« Das ist das, was ich Schwingung nenne, ein Wissen, das da ist, eine Realität, die da ist. Wir sind eine Familie, wir sind alle verbunden und wenn einer aus dem Leben geht, spüren und wissen das ALLE.

Am Tag bevor meine Mutter starb, habe ich sie noch einmal in der Rehaklinik besucht. Meine Mutter wollte an diesem Nachmittag nichts mehr essen. Medizinisch gesehen gab es zwar keinen Grund, warum sie sterben sollte. Doch aus ihr selbst heraus war es ganz klar, dass sie, so wie sie war, nicht mehr weiterleben wollte. Meine Mutter war ein Pflegefall geworden, was sie sich für sich selbst niemals gewünscht hatte. Sie hatte immer dafür gebetet, dass sie dieses Schicksal nicht erleiden musste. Das hatte sie mit meinem Vater lange Jahre mit ansehen müssen und ich wusste, sie wollte gerne gehen. Ich habe sie gefragt, ob ich ihr Reiki geben solle. Sie nickte, denn sprechen konnte sie ja nicht mehr. Ich hielt ihre Hand und den ganzen Nachmittag floss die Energie zwischen uns. Wenn jemand stirbt, entsteht ganz viel Energie, die derjenige braucht, damit sich die Seele vom physischen Körper lösen kann. An diesem

Tag habe ich den Tod schon im Zimmer stehen sehen - wie eine kalte leblose Silhouette in der Ecke. Es war, als wäre da jemand, eine Präsenz mit der Energie von Tod. Ich würde meine Wahrnehmungen von Energien so beschreiben, dass ich meinen inneren Bildschirm wechsele. Ich gehe auf eine andere Ebene der Wahrnehmung und kann zwischen der sogenannten realen, sichtbaren und der energetischen Ebene hin- und herwechseln. Im Gegensatz zum Tod ist zum Beispiel Engelenergie etwas Luftiges, etwas Freundliches. Engelenergie sehe ich manchmal auf meinem inneren Bildschirm als Silhouette in Form von Engelsflügeln. Sie haben ganz unterschiedliche Schwingungen, manchmal sind sie ganz hell, fast weiß, manchmal farbig. Die Energie von Tod ist leblos, es fühlt sich kalt an. Es ist, als stehe da einer, der sich nicht bewegt. Wenn der Tod auf energetischer Ebene im Raum ist, ist er - auch im realen Leben - ganz nah. Ich habe schon ein paarmal in Situationen, in denen der Tod kurz bevorstand, mit Reiki unterstützt. Wenn ich in diesen Momenten Reiki gebe, stelle ich mir eine Lichtleiter vor, so als bilde sich aus dem Irdischen eine lichtvolle Verbindung in den universellen Raum. An diesem Nachmittag mit meiner Mutter war es so, als stellte ich ihr energetisch eine Leiter hin, auf der sie aus ihrem Körper heraustreten konnte. Zu wissen, dass sie für sich diesen lichtvollen Abschied gefunden hat nach den dunklen Phasen, durch die sie gegangen ist, war für mich eine große Erleichterung. Es war mir in diesem

Moment ganz klar, dass das Leben meiner Mutter nicht mehr lange dauern würde. Natürlich wollte ich das auf eine Art nicht gerne wahrnehmen. Es gab immer noch etwas in mir, dass den Tod meiner Mutter nicht wahrhaben und nicht annehmen wollte, auch wenn ich es bereits wusste. Als der Arzt am nächsten Tag anrief, war ich traurig, doch ich war mir ebenfalls sicher, das es genauso sein sollte. Mich erinnern die Bilder des Nachbarn auf der Trage und das meiner Mutter im Krankenhausbett an das Bild, das mein Vater vor seinem Tod von sich in der Kapelle geträumt hatte. Das alles waren Ankündigungen. Besonders die Vorinformation vom Tod meiner Mutter war wie eine hilfreiche Botschaft für mich. Heute denke ich, dass die Botschaften, die ich empfange, immer helfen sollen, die Gesamtlage einer Situation zu erfassen. Im Fall meiner Mutter war das Gute an diesem Vorwissen, dass mir klar war, dass es um ihren Tod ging und um nichts anderes. Es war eine deutliche Botschaft, die mit dem Bild einherging: Das ist ihr Ende. Diese Information war zu mir gekommen und damit ging ein Auftrag einher, auch die Familie auf ihren Tod vorzubereiten. So bin ich auch die Botschafterin innerhalb der Familie gewesen. Das hat bis zum heutigen Tag nicht aufgehört. Wenn ich meinen Bruder treffe, bekomme ich automatisch Informationen für ihn und seine Familie. Ich bekomme Botschaften für Freunde, aber natürlich erlebe ich auch, dass Menschen das nicht wollen und sagen: »Bleib mir mit deinen Botschaften vom Hals.«

Das Spannende ist, dass die Bilder und die damit einhergehenden Informationen in der gleichen Klarheit auch Jahre später wieder da sind. Ich erinnerte mich in dem Moment, in dem ich die Tür zum Krankenzimmer aufmachte, an die Botschaft, die ich in der Meditation vier Jahre zuvor mit dem Bild meiner Mutter im Krankenbett erhalten hatte. Es war wie ein Wissen, das ich ab dem Zeitpunkt in mir trug. In dem Moment, als sich das Bild in der Realität einlöste, war dieses Wissen in vollem Umfang und in meinem Bewusstsein wieder da, als hätte ich es gerade erfahren und die Vision aus der Meditation nur wenige Stunden zuvor gesehen. Genau das erleben auch die Menschen, denen ich die Bilder und Botschaften in medialen Sitzungen weitergebe, wie z. B. Roswitha. Ich höre oft von meinen Klienten, das sie das erstaunt. In dem Moment, in dem sich die Bilder in der Realität einlösen, wird gleichzeitig klar, warum das Bild entstanden und die Botschaft wichtig ist. Es ist für mich immer wieder ein Wunder, wie es funktioniert und es gibt mir die Kraft und die Bestätigung, diesen Weg immer weiterzugehen.

Aufstellungen und Aufgaben
Entwicklung der medialen Arbeit

Trotz meines spirituellen Interesses bin ich immer die Tochter aus der Handwerkerfamilie geblieben und bin auch an meine mediale Arbeit mit viel Pragmatismus herangegangen. Letztendlich ist auch die mediale Arbeit ein Handwerk, das Übung erfordert, um darin zur Meisterschaft zu gelangen. Nachdem ich die Ausbildung gemacht hatte und meine ersten Schritte mit meiner Freundin Roswitha gegangen war, wollte ich mich weiter darin ausprobieren. Wie eine Friseurin, die Haarmodelle braucht, habe ich erst einmal mit Freundinnen geübt und mich nach und nach an schwierigere »Frisuren« gewagt. Ich wollte mich darin erproben.

In meiner ersten Sitzung mit einer Klientin, die ich nicht kannte und über die ich vorher gar nichts wusste, habe ich festgestellt, dass ich tatsächlich medial arbeiten kann. Denn ich habe Informationen bekommen, die ich wirklich nicht wissen konnte. In dieser Sitzung habe ich eine weitere interessante Erfahrung gemacht: Mir wurde gezeigt, dass diese Frau eine sehr kranke Mutter hatte. Die Mutter wollte jedoch nicht, dass ihre Tochter von der Krankheit erfuhr und es gab für mich den Hinweis, dass die Tochter nichts davon erfahren sollte. Das war eine neue Situation für mich. Ich bekam Informationen zu meiner Klientin bzw. zu ihrer Mutter, sollte dieses Wissen jedoch nicht an sie weitergeben. Was sollte ich jedoch mit den Informationen anfangen? Meine Aufgabe bestand darin, eine Verbindung zwischen Mutter und Tochter herzustellen. Ich habe es gelöst, indem ich die Tochter nach der Beziehung zu ihrer Mutter fragte und ein hypothetisches Ende des Lebens der Mutter in den Raum stellte. Ich habe nicht ausgesprochen, dass die Mutter krank war. Es ging darum, zwischen Mutter und Tochter auf der Beziehungsebene etwas zu vertiefen, so dass die Tochter noch einmal vor dem Tod der Mutter auf sie zugehen konnte. Das war für die Tochter eine wichtige Erfahrung, die sie aus der Sitzung mitnahm. Hier ist es wichtig zu trennen: zwischen den Botschaften für Klienten und den Botschaften für mich. Danach wusste ich, dass ich medial arbeiten kann und habe immer wieder die Bestätigung bekommen, dass ich dabei bleiben soll. Und so habe ich einfach von Sitzung zu Sitzung weitergemacht.

Ich begann, jeden Morgen für mich Botschaften abzuholen und das mediale Schreiben auszuprobieren. Ich habe für mich und mein Umfeld medial gearbeitet. Natürlich hatte ich ein inneres Verlangen, klarer auf meine eigenen Lebenssituationen zu schauen. Es faszinierte mich, ich hatte Freude daran und ich wollte wissen, was möglich ist und was nicht. Das erfuhr ich nur durch Übung. Es war wie mit einem Waldlauf: Es gab Tage, da fiel mir das Laufen leicht und Tage, an denen meine Beine schwer waren. Also habe ich mich morgens hingesetzt, mein Anbindungsritual gemacht und die Bilder, Informationen und Botschaften aufgeschrieben, die ich sah und bekam. Ich habe Tage erlebt, an denen kamen drei Sätze, in denen steckte nicht wirklich etwas oder ich konnte den Sinn nicht erkennen. Oder es waren Tage, an denen war in drei kurzen Sätzen alles und noch mehr gesagt. An manchen Tagen ist ganz viel Text gekommen. Das alles habe ich aufgeschrieben und mit in meinen Tag genommen.

Natürlich hatte ich am Anfang auch Zweifel. Bin ich medial oder bin ich verrückt? Höre und erzähle ich da einfach irgendetwas, das mir in den Sinn kommt? Woher stammen diese Botschaften? Inzwischen kann ich sehr genau unterscheiden, was der Ebene meiner eigenen Gedanken entspringt und was eine Botschaft ist, die ich empfange. Das unterscheide ich daran, dass mit der Botschaft eine gewisse Energie einhergeht. Wenn etwas aus meinen Gedanken entspringt, ist der Ton ganz anders, sachlicher, begrenzt, wie Stein, unbeweglich. Botschaften sind wie ein Strahl, wie ein Leuchten. Außerdem werden mir mediale Informationen oft in einer Wortwahl übermittelt, die nicht meiner eigenen entspricht.

Neben meiner Channel-Ausbildung machte ich im gleichen Jahr eine Ausbildung zur systemischen Aufstellerin. Über Aufstellungen können wir herausfinden, dass eben nicht nur Blutdruckkrisen oder Krebsrisiko in Familien weitergeben werden, sondern auch Schicksale. Diese Wiederholungen immer wieder in der Aufstellungsarbeit zu entdecken, ist sehr bedeutsam für mich. Ich habe dabei viel über mich selbst und meine Familie herausgefunden und bis heute empfinde ich die Aufstellungsarbeit als sehr bodenständig. Es ist eine gute Begleitung meiner medialen Arbeit, die zwar auf einer höheren Ebene stattfindet, aber daher auch abgehobener und manchmal weniger greifbar ist. Aufstellungsarbeit ist etwas Sichtbareres. Ich kann nicht alle Klienten gleich mit dieser medialen Ebene konfrontieren. Natürlich vermischen sich diese beiden Ansätze, und die mediale Arbeit nimmt Einfluss auf die Aufstellungen. Wenn es bei Aufstellungen darum geht, die Repräsentanten Sätze sprechen zu lassen, kann ich diese über meinen medialen Kanal bekommen. Diese medialen Formulierungen zeigen sich in der Aufstellung als Punktlandung.

Aufstellungsarbeit und Medialität sind gleichzeitig zu mir gekommen. Beide Ausbildungen habe ich in einem Jahr gemacht und das Wissen über systemische Zusammenhänge ist für meine mediale Arbeit sehr hilfreich. Beides ergänzt sich. Sicherlich ist die Medialität für mich wichtiger als das Können und Wissen der Aufstellungsarbeit. Über meine Medialität komme ich sehr leicht an jede Art von Information, wenn ich das möchte. Es wird mir auch viel in Aufstellungsbildern gezeigt durch diesen Ausbildungshintergrund. Ich möchte meinen Klienten klarmachen, in Zusammenhängen zu denken und verdeutlichen, dass nichts ist wie es scheint.

Ich habe auch erlebt, dass ich morgens in einer Meditation den Ablauf einer kompletten Aufstellung für eine Klientin bekommen habe - vom ersten Bild bis zum letzten. Das habe ich erst einmal innerlich weggelegt und mit der Klientin gearbeitet - wie gelernt. Nach und nach konnte ich die Bilder, die ich morgens bekommen hatte, einbringen und es fühlte sich für die Klientin stimmig an. Im Laufe der Sitzung hat sich der Ablauf der Aufstellung genauso gezeigt wie ich ihn in der Meditation gesehen hatte.

Wann kommen diese Informationen zu mir? Ich kann mich hinsetzen, meine Anbindung finden und die Informationen gezielt abrufen. Sie kommen jedoch auch zwischendurch im Alltag, was mitunter sehr anstrengend sein kann. So erlebte ich es am Anfang einer Yogastunde, als ich noch unterrichtet habe. Ich stand am vorderen Rand der Matte und gab die Aufforderung: »Einatmen, Arme über die Seite nach oben nehmen.« Im gleichen Augenblick bekam ich selbst eine andere Aufforderung: »Es ist Zeit, dich zu verabschieden.« In dem Moment kam diese Information zu mir, von der ich sofort wusste, was sie bedeutete. In diesen Momenten gibt es die eine Ebene, die das gerade Gehörte verarbeitet oder wegschieben muss und es gibt die andere Seite, die einfach die Yogastunde absolviert. Wenn ich das im Alltag erlebe, bin ich gedanklich nicht mehr frei in diesen Momenten. Ich kann mich noch gut erinnern, dass mein Mann mich nach der Yogastunde zum Essen abholte und ich ihm erzählte, was ich am Anfang der Yogastunde gehört hatte. Es war ganz klar die Aufforderung, mich von meiner Yogaschule zu verabschieden. Ich habe herausgefunden, dass diese Art der Informationen wie gesetzt sind für mein Leben und dass sich die Dinge innerhalb der nächsten sechs Monate so entwickeln werden. Es sind Bahnhöfe, in diesem Fall war es einer, den ich verlassen musste. Ich war privat schon im Jahr 2008 von Aachen nach Bochum zu meinem Mann gezogen, habe aber noch eine Zeit in Aachen meine Yogaschule weitergeführt. Ich habe drei Tage in Aachen Yogaunterricht gegeben und war den Rest der Woche in Bochum - es war sozusagen ein Rückzug auf Raten. Nach der Aufforderung, mich zu verabschieden, habe ich noch eine kleine Schleife gedreht und bin noch einmal mit meiner Yogaschule in einen anderen Raum umgezogen, weil ich mich schwer davon trennen konnte. Im Jahr 2010 merkte ich, dass ich körperlich immer schwächer wurde und bin nach innen gegangen. Wo blieb meine Kraft? Es kam ein Bild: Ich sah einen Fluss. Ich hatte ein Bein auf dem einen Flussufer und ein Bein auf dem anderen. Dadurch, dass ich auf beiden Seiten ein Bein hatte, war ich zerrissen. Es wurde für mich ganz deutlich, dass ich das andere Bein auch zum Bochumer Ufer ziehen sollte. Es hat nochmal zwei Tage gedauert, bis ich es annehmen konnte. Ich entschied mich dafür, Abschied von Aachen zu nehmen und meine Yogaschule in die Hände einer anderen Yogalehrerin zu legen.

Wenn ich morgens meine Anbindung an die göttliche Quelle suchte, bekam ich immer wieder Informationen, die ein Handeln von mir bedurften. Das war und ist eine Herausforderung: Es ist eine Sache, eine Information zu bekommen, doch wenn darin eine Aufforderung zum Handeln steckt, fragte und frage ich mich natürlich, welche Berechtigung und Verantwortung mitschwingt. Ich erinnere mich, dass ich an einem Morgen die Information und Handlungsaufforderung bekam, dass ich zu meiner Schwiegermutter fahren sollte, um ihr Reiki zu geben. Der reale Hintergrund war, dass ihr Mann im Sterben lag, er war bereits in palliativ-medizinischer Begleitung. »Auf et Letzte« würde der Aachener sagen - mein Schwiegervater lag in den letzten Zügen seines Lebens. Ich war zwar meinen Schwiegereltern noch verbunden, lebte jedoch schon in Trennung von meinem ersten Mann. Es war nicht völlig aussichtslos, meiner Schwiegermutter Reiki zu geben, das hatte ich bereits früher getan, dennoch war ich mir nicht sicher, ob ich einfach so in dieser Situation zu den beiden hinfahren könnte. Es war für mich damals die Schwierigkeit, die Botschaft und die Aufforderung, die ich bekommen hatte, ins Weltliche hinein zu verwirklichen. Gleichzeitig hatte ich den Eindruck, etwas tun zu müssen und zu wollen. Ich habe zwei Tage abgewartet, meine Schwiegermutter angerufen und gesagt, ich wolle den Schwiegervater noch einmal besuchen. Das hat sich für mich stimmig angefühlt, ich habe die Botschaft nicht erwähnt, denn ich woll-

77

te nicht als der Geist vom anderen Stern auftreten. Meine Schwiegermutter stimmte zu.

Mein Schwiegervater lag im Krankenbett im Wohnzimmer. Er bekam viele Medikamente und war bereits nicht mehr ansprechbar. Ich saß mit meiner Schwiegermutter neben ihm und natürlich ging ihr alles sehr nahe. Wir sprachen über die Situation und ich schlug vor, ihr Reiki zu geben. Sie sagte: »Kind, das ist eine gute Idee, das weiß ich noch, dass du das mal gemacht hast.« Um nicht direkt im gleichen Zimmer mit ihrem sterbenden Mann zu sein, gingen wir ins obere Geschoss. Dort hatten die beiden ein kleines Gästezimmer eingerichtet. Doch ich kam gar nicht mehr dazu, meiner Schwiegermutter die Hände aufzulegen. Als wir in das Zimmer kamen, uns hinsetzten und ich ihre Hand nahm, setzte im gleichen Moment ein Strom medialer Botschaften ein. In diesem Moment vertraute ich einfach darauf, was geschah. Ich bekam Botschaften von ihrem Mann, der noch einmal in seinen Worten die ganze Liebe für seine Frau zum Ausdruck brachte. Es war eines meiner berührendsten Erlebnisse in meiner medialen Arbeit: Ich war als Übersetzerin Teil dieser liebevollen Verbindung zwischen den beiden. Mein Schwiegervater konnte mit meiner Hilfe noch einmal sprechen, was er in der Realität aufgrund seines körperlichen Zustands nicht mehr konnte. Ich habe alles, was ich in diesem Moment empfing, genauso übermittelt und ich spürte die Energie, die Liebe, die damit einherging. Dadurch, dass ich in der Verbindung war, habe ich dafür gesorgt, dass seine Worte gut bei meiner Schwiegermutter ankamen. Die Art und Weise, wie ich die Botschaften übermitteln soll, bekomme ich manchmal über meinen Kanal. Meine Schwiegermutter bekam die Möglichkeit, ihrem Mann noch einmal zu danken und alles mitzuteilen, was sie ihm gerne sagen wollte. Im stillen Gespräch, ohne dass sie mir alles sagen musste, konnte sie meinen Kanal für die Verbindung mit ihrem Mann nutzen.

Aus meinem Mitempfinden heraus würde ich sagen, dass in dieser Situation kurz vor dem Tod meines Schwiegervaters noch einmal die ganze Liebe zwischen den beiden zum Ausdruck kam. Es war für mich ein unglaublich bewegender Moment, in dieser Vermittlerrolle bei einem so besonderen Austausch dabei sein zu dürfen. Es war für uns alle ein Geschenk. Ich merkte, wie die Energie voll und leuchtend wurde und sich wieder verflüchtigte, als alle Worte zwischen den beiden ausgetauscht waren. Als ich ging, dankte ich meiner Schwiegermutter, dass ich Teil dieser Intimität sein durfte und riet ihr, sie solle alles in ihrem Inneren nachklingen lassen. Meine Schwiegermutter konnte diese Situation annehmen. Ich denke, wenn so eine Art der Energie da ist und ein besonderer Moment wie dieser geschieht, sind wir Teil eines großartigen Erlebnisses und es wird leichter, eine solche Erfahrung zuzulassen, ohne dass der Verstand sich einschaltet und Zweifel anmeldet. Aus meiner heutigen Sicht würde ich sagen, dass es ein großes Geschenk an die beiden war, denn ein realer Austausch zwischen den beiden war nicht mehr möglich. Meine Schwiegermutter saß auf dem Stuhl neben dem Sterbebett und ihr Mann lag sediert vor ihr. So musste es eine höhere Ebene geben, auf der eine Kommunikation noch einmal stattfinden konnte.

24 Stunden später starb mein Schwiegervater. Ich glaube, er konnte gehen, weil alles geschehen und alles gesagt war. Es war klar, dass dieser Tag, dieser Moment für die beiden das Abschiednehmen bedeutete. Diese Erfahrung ging mir selbst sehr lange nach. Ich bin dankbar, dass ich damals den Mut hatte, die Botschaften, die ich bekommen hatte, die Handlungsaufforderung, zu meiner Schwiegermutter zu fahren, in die Tat umzusetzen. Im Nachhinein weiß ich, dass es für mich dort etwas zu tun gab, das nur ich tun konnte. Ich hatte eine Aufgabe bekommen. Ich glaube, es war ein Geschenk für die beiden, das ihnen gegeben wurde und an dem ich teilhaben durfte. Das erkenne ich jetzt noch einmal beim Erzählen dieses Erlebnisses. Dadurch dass ich eine gute Verbindung zu meinen Schwiegereltern hatte, konnte ich Teil ihres intimen letzten Austauschs werden. Meine Schwiegermutter hatte eine besondere Bedeutung in meinem Leben. Und ich bin dankbar, dass ich ihr vielleicht etwas zurückgeben konnte.

Was ist ein Medium?
Vermittlerin zwischen den Welten

Wir alle kennen eine besondere Art der Wahrnehmung im alltäglichen Leben: Wenn wir z. B. einen Menschen zum allerersten Mal treffen, wissen wir sofort, ob es passt oder nicht, ob uns die Person angenehm ist oder nicht. Auch Orte haben eine bestimmte Energie: Kommen wir an Orte, an denen große Unglücke passiert sind, z. B. Ground Zero in New York, können wir immer noch ein bisschen von dem Schrecken von damals spüren. Ob wir in ein Krankenhaus gehen oder in eine Kirche - die Energie in diesen Räumen ist ganz unterschiedlich. Ich würde diese Form der Wahrnehmung »Antennen« nennen. Wir alle haben Antennen, die die Schwingung im Raum wahrnehmen. Energie ist also immer da, es existiert eine Schwingung, die wir uns wie Elektrizität vorstellen können. Wir erleben diese Schwingung als angenehm oder als unangenehm. Wir nehmen sie wie Wellen wahr. Wie ein Stein, der ins Wasser geworfen wird und kleine Wellen nach außen bildet, senden auch wir Wellen nach außen und nehmen die Wellen der anderen wahr.

Als Medium arbeite ich als eine Vermittlerin zwischen der realen, sichtbaren Welt und der geistigen, unsichtbaren Welt. Es ist mir ein Anliegen einen Einblick in die Entwicklung dieser Wahrnehmung zu geben, die in uns allen angelegt ist. Es ist eine lange Reise, die mit dem Tod meines Vaters ihren Anfang genommen hat und über Träume, über die ersten Schritte vom Yoga zum Reiki weitergegangen ist und schließlich zur medialen Ausbildung und meiner Arbeit als Medium geführt hat. Ich habe diese Linie nie gesehen und sehe sie erst jetzt bei der Arbeit an diesem Buch. Die unsichtbare Welt ist zuvor immer mal in meinem Leben aufgeblitzt. Mit dem Tod meines Vaters kamen zum ersten Mal die Fragen auf: Gibt es da noch eine andere Welt? Was für eine Form hat das, was hinter dem Sichtbaren liegt?

Die Seele stelle ich mir wie ein Energiefeld vor, wie eine Energiewolke, die immer währt und nicht vergeht. Ich glaube, es ist ein Kreislauf, in den die Seele mit dem menschlichen Leben eintritt. Wir treten in diesen Kreislauf des Lebens ein und treten mit unserem Tod mehr oder weniger an der gleichen Stelle wieder aus. So gehen wir durch das Leben und durch mehrere Leben. Ich glaube, dass uns in jedem Leben Möglichkeiten der Entwicklung gegeben werden. Doch wir können selbst entscheiden, welche Entwicklungswege wir gehen wollen. Wir haben ja den freien Willen. Die Seele durchlebt auf ihrem Weg durch mehrere menschliche Leben alle Erfahrungen, die es gibt. Wenn wir durch jede Erfahrung gegangen sind, haben wir alles erlebt, was das Menschsein ausmacht. Die komplette Erforschung des Menschlichen ist das, was das physische Leben schließlich beendet. Der Tod ist das Ende des physischen Teils des Lebens. Wenn wir alle Kreisläufe durchlaufen haben, sind wir am Ende der menschlichen Erfahrung angekommen und brauchen nicht mehr wiederzukommen. Ich habe eine spirituelle Freundin, die sich schon darauf freut, nicht mehr wiederkommen zu müssen. Mir persönlich geht es nicht so, ich möchte gerne noch öfter leben.

Die erste Idee, dass uns nach dem menschlichen Leben etwas Positives erwartet, habe ich durch die Beschäftigung mit dem Tod bekommen, nachdem mein Vater gestorben war. Auch ich bin dem Tod bereits sehr nahe gekommen. Innerhalb einer längeren körperlichen Erschöpfungsphase in meinem Leben habe ich einen Vorgeschmack dafür erhalten, wie es sich anfühlt, was uns in der anderen, der unsichtbaren Welt erwartet.

2012 war ich mit meinem Mann im Urlaub und habe wie jeden Morgen eine Meditation begonnen. Zunächst war alles wie immer. Doch auf einmal war es, als hätte sich etwas gelöst. Vor meinem inneren Auge wurden mir mein Mann und mein Sohn gezeigt, wie sie rechts und links neben mir standen und plötzlich wegklappten wie kleine unwichtige Pappfiguren. Gleichzeitig entstand ein starker Strom aus meinem Inneren heraus zu etwas hin. Ich nahm diese Kraft, diesen Sog in grünem Licht wahr. Ich spürte eine unglaubliche Euphorie. Das, zu dem ich mich hingezogen fühlte, war ein wirkliches Zuhause, eine Heimat, da gehörte ich hin. Es war das Gefühl eines vollständigen Aufgenommenseins. Die Idee eines Nicht-Aufgenommenseins

gab es nicht. Es war das Gefühl einer umfassenden Verbundenheit und Einheit mit allem, was ist. Ein Teil von mir wollte
nichts anderes, als dorthin zu gehen. An dieser Stelle stoppte
ich die Meditation, denn ich wollte mich diesem Sog nicht hin-
geben.

Es war für mich ein heftiger Eindruck. Ich war in dieser Phase
körperlich sehr stark erschöpft. Einige Zeit nach dem Erlebnis
in der Meditation bekam ich starke Blutdruckkrisen, das heißt,
mein Blutdruck schoss in die Höhe. Mein Körper hat innerhalb
dieser Krisen angefangen zu zittern und zu schlagen, so dass
ich das gar nicht mehr steuern konnte. Der Blutdruck stieg so
stark, mein Körper schüttete einfach nur noch Adrenalin aus.
Für mich waren diese Zustände gekoppelt an ein Gefühl, die
Erde zu verlassen und begleitet von Todesangst in Form von
Panikattacken. In dieser Phase hatte ich täglich das Gefühl,
dass mein Leben bald zu Ende ist. Wenn wir über unseren Tod
nachdenken, fühlen wir normalerweise, dass zwischen dem
heutigen Erleben und dem Tod noch eine Zeitspanne liegt.
Doch ich wachte jeden Morgen auf und hatte den Eindruck des
unmittelbaren Endes, das mir kurz bevorstand. Ich möchte dazu
sagen, dass ich an keiner Stelle meines Lebens suizidal gewesen bin, nicht vorher und auch nicht nachher.

Wegen des hohen Blutdrucks kam ich ins Krankenhaus und es
wurde natürlich geschaut, wo die körperlichen Ursachen dafür
lagen. Medizinisch gesehen weiß man jedoch nicht, woher ho-

her Blutdruck kam und es wurde auch nicht herausgefunden. In dieser Zeit durfte ich meiner Angst begegnen und ich habe gelernt, nichts zu tun, wenn die Angst kommt, ruhig zu bleiben und abzuwarten. Ich habe die Blutdruckkrisen und die damit einhergehende Angst kommen lassen wie ein Gewitter, das an mir vorbeiging. Ich habe viele Wurzelmeditationen gemacht und stellte mir vor, ein Baum zu sein: Ich falle nicht um, auch wenn der Sturm heftig ist. Wie alle Gespenster löste sich auch die Angst auf, als sie mit mir keine Freude mehr hatte. Gespenster haben Spaß am Erschrecken und sobald wir uns nicht mehr erschrecken lassen, suchen sie sich andere Opfer.

Nach der Meditation im Urlaub hatte ich noch einmal ein ähnliches Erlebnis im Krankenhaus. An einem Vormittag bekam ich die Information, ich solle mich von meinem Bruder verabschieden. Ich habe ihm auf die Mailbox gesprochen und er hat im Nachhinein berichtet, dass es sich so anhörte wie der letzte Gruß von mir. Im Anschluss daran hatte ich noch einmal das Gefühl, vor einem lichtvollen Raum zu stehen. Gleichzeitig war in mir die Angst, dass dies das Ende meines Leben war. Ich konnte diesen wunderschönen lichtdurchfluteten Raum nicht wirklich angstfrei betreten. Es war ein unglaubliches Licht, ich fühlte, es war etwas Gutes. Ich habe auch gemerkt, dass ich gar nichts tun konnte. Ich habe mich auf das Krankenhausbett gesetzt, abgewartet und diesen Eindruck durchlebt. Natürlich konnte ich mit niemandem im Krankenhaus über meine Erlebnisse sprechen. Ich lag auf der Inneren wegen zu hohen Blutdrucks und einem Internisten konnte ich nicht von meinem Lichterlebnis berichten. Der hätte damit nichts anfangen können und bei einem Phänomen wie diesem sofort den Psychiater zu Hilfe geholt. Was auch sonst? Ich glaube heute, dass ich mich damals zwischen den beiden Welten befand. Es hat eine ganz Zeit gebraucht, bis mein Körper aufhörte, in so heftiger Weise zu reagieren und ich musste diese Phase auch psychisch verarbeiten. Doch ich habe mich relativ schnell fangen können und innerhalb von drei bis vier Monaten wieder zur Stabilität gefunden. Dazu gehörte auch, dass ich den Willen hatte, durch diese Krise hindurchzugehen. Ich bin in dieser Zeit meiner höchsten Angst begegnet und weiß nun, wie es ist, in Todesangst zu sein. Angst ist jedoch immer eine Sackgasse und der Weg heraus führt nur über die Konfrontation mit der Angst. Ich war dem Tod über einen längeren Zeitraum sehr nah.

Diese Zeit hatte auch viel Positives. Dadurch, dass ich dies alles durchlebte, weiß ich heute sehr zu schätzen, wie wunderbar es ist, dass ich morgens nach dem Aufstehen einen Milchkaffee trinken darf. Ich weiß, dass in den kleinen Dingen das ganze Glück der Erde verborgen liegt. Bis heute beschäftigen mich diese Erlebnisse und ich glaube, es haben sich noch nicht alle Facetten gezeigt. Aus dieser Erfahrung heraus weiß ich jedoch sicher, dass es eine Heimat gibt, in die wir alle gehören. Ich weiß jetzt, wohin wir gehen und dass es dort gut ist, dass an diesem Ort reine Liebe existiert. Dort ist eine Essenz, für die wir keine Worte haben. Ich kann mich dem sprachlich nur annähern. Es gibt an diesem Ort keine Dualität mehr, sondern Einheit und Einssein, es ist, als seien wir immerwährende Sonne. Alle Sehnsucht, aller Mangel löst sich auf. Wir sind rund, wir sind ganz. Es ist Vollkommenheit, Angenommensein, Licht umflutete Geborgenheit. Ein so starkes Hingezogensein zu etwas habe ich vorher und nachher nicht erlebt. Das Bild in der Meditation, in dem mein Mann und mein Sohn, die mir im Leben das Wichtigste sind, wie kleine Pappfiguren wegklappten, war sehr deutlich. Es zeigte die Relationen an, dass das, was wir hier im Irdischen als groß und wichtig erleben, ganz klein ist in Bezug auf das große Ganze. Diese Erkenntnis hat mich dem anderen, der unsichtbaren Welt noch näher gebracht. Ein Erleben zu haben von etwas, ist das intensivste Wissen, das wir haben können. Insofern war diese Erfahrung ein Geschenk.

Für mich ist der schönste Gedanke, dass uns unsere Ahnen abholen, wenn wir sterben und uns in dieses Licht, in diese Einheit führen. So glaube ich auch nicht an eine Hölle oder dass die Guten in den Himmel kommen und die Schlechten nicht. Ich denke, es liegt in der Natur des Menschen, dass wir uns nach Heimat sehnen, nach einem Ort, an dem wir uns zuhause fühlen. Mit meinem Interesse an spirituellen Dingen, mit meinen Fragen, habe ich mich auf den Weg gemacht, diese geistige Heimat zu finden, und ich wusste nicht, wohin mich dieser

Weg führen würde. Anfangs bin ich mit ganz weltlichen Fragen zu meiner Ausbilderin Regina gegangen. Als ich mich von meinem ersten Mann getrennt hatte, wollte ich wissen, ob ich wieder einen neuen Partner finden würde und was das für einer sein würde. Wie würde es sich beruflich für mich entwickeln? Meine Mutter lebte noch und ich wollte wissen, wie es mit ihr gesundheitlich weiterging. Mein Herz war voll mit Fragen zu Lebenssituationen, die für mich nicht klar waren. Damals war mir meine mediale Wahrnehmung noch nicht bewusst. Als mich Regina fragte, ob ich die Ausbildung machen wollte, habe ich sofort ja gesagt. Ich bin jedoch eigentlich nicht auf die Suche gegangen, sondern die mediale Arbeit ist zu mir gekommen. Ich war dabei immer getrieben von der Frage: Gibt es eine andere Existenz als unsere menschliche? Funktioniert die mediale Arbeit wirklich?

So bin ich immer weitergegangen. Immer wieder sind Menschen zu mir gekommen, die mich befragt haben. Nach und nach wurde der Kreis derer, die für mediale Sitzungen zu mir kamen, größer. Die Klienten fanden und finden ihren Weg zu mir. Ich bin sehr gerne Teil dieser Arbeit, weil ich spüre, dass sie den Menschen gut tut. Ich vertraue meinem Kanal, meiner Anbindung sehr. Auch wenn Ansagen für die Menschen kommen, spüre ich, dass sie immer aus einer guten Absicht heraus kommen, immer zum Wohle desjenigen, der mir gegenüber sitzt. Der klare Menschenverstand - sowohl meiner und auch der meines Gegenübers - ist immer mit dabei und ich fühle, dass im Kern der Botschaften ein Wohlwollen steckt, ein Teil dieses allumfassenden Lichts, das ich in meinem Lichterlebnis erfahren habe. Es gibt Menschen, die medial arbeiten und bestimmte Engel channeln, bei denen ist das andere Ende der Leitung sozusagen etikettiert. Das hatte ich noch nie und das brauche ich auch nicht. Ob immer die gleiche Stimme spricht, ob mehrere Stimmen sprechen, wie genau sich diese Stimme zusammensetzt, ist mir nicht wichtig. Ich spüre die Energie, die mit den Botschaften einhergeht. Ich spüre, dass das, was am anderen Ende meines Kanals ist und von dem die Informationen ausgehen, zum Wohle der Menschen ist.

Dennoch sollte niemand - weder ich noch meine Klienten - die Eigenverantwortung an der Tür abgeben. Jeder, der in eine mediale Sitzung geht, der Botschaften bekommt und diese mitnimmt, behält die letzte Entscheidung bei sich: Folge ich dem, was ich gehört habe oder nicht? Manchmal fragen Klienten nach ihrer beruflichen Situation, es gibt möglicherweise den Hinweis, zu kündigen oder unbedingt zu bleiben. Es kommen alle diese Informationen, doch der Klient geht nach Hause, überdenkt alles noch einmal und am Ende steht er vor der eigenen Entscheidung. Alles, was wir in einer medialen Sitzung bekommen oder gehört haben, dürfen wir wegwischen und ablehnen. Die Notwendigkeit der Reflexion finde ich sehr wichtig. Eine mediale Sitzung kann Impulse in eine Richtung geben und ich denke, die Informationen, die für eine Person wichtig sind, werden im Inneren arbeiten und ihren Weg nach außen finden. Die Botschaften sind wie ein Samenkorn, das nach und nach aufgeht.

Meine ganze Arbeit steht unter der Überschrift »Heilende Beziehungen« und so ist mir auch die Beziehung zu meinen Klienten selbst sehr wichtig. Bevor wir eine mediale Sitzung starten, frage ich immer, ob mein Gegenüber ein gutes Bauchgefühl hat, ob derjenige immer noch ein »Ja« fühlt und sich wirklich einlassen will. Es ist mir wichtig, dass sich die Klienten aufgehoben fühlen, sich im Raum wohlfühlen, sich mit mir wohlfühlen. Denn das Ungewisse kommt in einer medialen Sitzung generell hinzu, wir wissen beide nicht, was passieren wird. Aufgeregt sind sowieso alle, die zu mir kommen und die meisten äußern dies auch. Das gehört dazu. Ich bin auch heute noch aufgeregt, wenn ich zu jemandem gehe, um eine Sitzung für mich selbst zu nehmen. Es ist eine besondere Situation und die Aufregung trägt dazu bei, das zu spüren. Ich fordere den Klienten dazu auf, seinen inneren Impuls wahrzunehmen und dem auch zu folgen. Ich würde jeden Klienten wieder gehen lassen, wenn er mir ein ‚Nein‘ gäbe. Bisher ist es meine Erfahrung, dass die, die nicht zu mir passen, auch nicht kommen. Natürlich hatte ich auch Klienten, die am Ende mit dem Gehörten nichts anfangen konnten, denen es zu weit weg war oder die spürten, dass es ihnen zu sehr in die Tiefe geht. Das ist für mich in Ordnung. Denn es ist klar, dass die mediale Arbeit den Dingen auf den Grund geht und nicht jeder ist an Erkenntnissen interessiert oder möchte in den Tiefen seiner Seele forschen. Meine eigene mediale Forschungsarbeit dauert bis heute an und ich glaube, das wird auch bis an mein Lebensende so bleiben.

Jeder hat sein Medium
Klientengeschichten I

In einer ersten Sitzung erfrage ich, ob der Klient Vertrauen zu mir als Person hat und natürlich auch, ob er oder sie schon einmal eine mediale Sitzung genommen hat. Manche Klienten waren bereits bei anderen medialen Beratungen, manche wissen noch gar nicht, was sie erwartet. Ich möchte erreichen, dass gleich ab der ersten Sitzung das größtmögliche Vertrauen zu mir entsteht. Es gibt Klienten, die über Jahre immer wieder zu mir in die mediale Beratung kommen, und es gibt einmalige Gäste. Ich bin mir nicht sicher, warum das so ist. Eine mediale Sitzung bringt die Dinge auf den Punkt und vielleicht kann oder will nicht jeder diese »Wahrheit« in dem Moment aushalten. Vielleicht wollen die Klienten, die nur einmal kommen, ihr Thema noch nicht angehen. Oder die Klienten kommen nur, um sich ihr eigenes Bild bestätigen zu lassen. Wenn der Kern eines Themas etwas Tiefes, etwas Schmerzhaftes ist, kreisen wir oft wie ein Satellit darum herum. Wir wollen eigentlich alles andere hören als das, was es ist, worum es geht, was wir tun müssten. Wer jedoch zu mir in die mediale Beratung kommt, wird merken, dass wir sehr klar und sehr schnell zum wirklichen Kern eines Themas vordringen, wie unangenehm er auch sein mag. Es gibt keine Möglichkeit, darum herum zu reden und sich hinter etwas zu verstecken. Warum kommen meine

Klienten trotzdem immer wieder zu ihrem Medium? Sie sind immer positiv begleitet, ich bin die Begleiterin auf ihrem Lebensweg.

Für dieses Buch habe ich einige meiner Klienten in unseren Sitzungen zu ihren Erfahrungen befragt. Eine Klientin, die ich schon sehr lange begleite, hat die Beziehung zwischen Klient und Medium sehr schön auf den Punkt gebracht. Sie sagte: »Man hat sein Medium.« Für sie liegt in der medialen Arbeit mit mir mehr als bedingungsloses Vertrauen. Sie sagte, es entstehe eine absolute Tiefe zwischen ihr und mir, eine Liebe und Hingabe zur göttlichen Anbindung. Ich glaube, dass jeder Mensch die Verbindung zwischen der göttlichen Quelle und sich selbst aufbauen kann. Doch viele Menschen sind nicht darin geübt, diese Informationen abzurufen und sie in Worte oder Bilder zu fassen. Deshalb bedarf es eines Mediums.

Auf die Frage, warum sie zu einem Medium gehe, sagte meine langjährige Klientin: »Ich bin immer im Licht, ich bin immer positiv begleitet.« Das finde ich ebenfalls sehr gut ausgedrückt, denn das ist der goldene Faden meiner Sitzungen. Manchmal kommen Ansagen, manchmal herausfordernde Informationen, doch alles wird sich letztlich positiv für die Klienten entwickeln. Auch wenn ich die Information erhalte, dass ein Klient einen unangenehmen Weg gehen muss, wird er sich als eine gute Entwicklung erweisen. Meiner langjährigen Klientin begegnete ich vor zehn Jahren das erste Mal. Wir arbeiteten in zwei oder drei Sitzungen zusammen, doch danach kam sie einige Jahre nicht wieder. Im Nachhinein erzählte sie mir, dass sie die Informationen, die sie damals durch mich erhalten hatte, zu diesem Zeitpunkt nicht hören wollte. Das ist natürlich verständlich: Wenn du etwas gesagt bekommst, das du nicht hören willst, wirst du nicht wieder zu demjenigen gehen, um es dir erneut anzuhören. Die Entwicklung, die sich in unseren medialen Sitzungen abgezeichnet hatte, traf jedoch in den folgenden Jahren genauso für meine Klientin ein. Dadurch fand sie wieder zu mir: Sie war in einer Krise und suchte nach jemandem, der ihr helfen konnte. Ihr innere Stimme sagte ihr immer wieder, sie solle zu mir kommen.

Wir sind uns allerdings erst einmal »zufällig« wieder begegnet. Ich fragte sie bei dieser Gelegenheit, wie es ihr gehe und sie sagte, sie müsse unbedingt etwas für sich tun. Wir trafen uns erst einmal auf einen Kaffee, um zu schauen, ob daraus eine gemeinsame Arbeit werden würde oder nicht. Bei diesem Treffen erzählte sie mir, dass alles so gekommen war, wie ich es in den Sitzungen vorausgesagt hatte. Ihre ganzes Leben war genau an dem Faden entlang gelaufen, den ich ihr aufgezeigt hatte. Ich erklärte ihr, dass es eben meine Aufgabe sei, die Informationen auszusprechen, die ich bekomme. Nicht immer gefällt mir das, was ich meinen Klienten zu sagen habe, trotzdem kann ich die Inhalte nicht ändern. Ich schlug meiner Klientin vor, uns zu drei Terminen zu verabreden, um zu testen, wie es sich entwickelte. Doch auch in diesen ersten drei Sitzungen war unsere Zusammenarbeit wie auf des Messers Schneide. Meine Klientin erzählte mir im Nachhinein, sie habe wieder vor ihren eigenen Themen weglaufen wollen. Das Problem lag nicht in unserer Zusammenarbeit an sich, sondern an den Themen, mit denen sie sich nicht konfrontieren wollte. In diesen Situationen brauche ich als mediale Beraterin ein sanftes Wesen und gleichzeitig eine gewisse Stärke. Ich musste meiner Klientin vermitteln: »Darum geht es jetzt.« Diese Standfestigkeit hat das große Vertrauen zwischen uns hergestellt. Wenn es um die schmerzhaften Themen geht, brauchen meine Klienten eine verlässliche Partnerin an ihrer Seite und das Vertrauen in die mediale Arbeit an sich. Wir ließen uns beide darauf ein und unsere Arbeit kam gut ins Laufen. Durch das, was wir in den Sitzungen erarbeiteten, nahm das Leben meiner Klientin eine spürbar positive Wendung. Von da an war klar, dass es einen langen gemeinsamen Weg geben würde.

Heute kommt meine Klientin regelmäßig, inzwischen hat sie erkannt, dass die Ereignisse, die sich ihr damals als große Krise oder ungangbarer Weg gezeigt hatten, richtig für sie waren. Die Beziehung zu ihrem Ehemann musste ein Ende finden und sie musste außerdem erkennen, dass das Haus, in dem sie wohnte, nicht gut für sie war. Auf dem Weg unserer gemeinsamen Arbeit erlebten wir, dass die medialen Sitzungen meiner Klientin aus ihren Krisen heraushalfen und dass sie durch die

Informationen geschickte Schachzüge machen konnte. So konnten wir die Entwicklungen im Leben meiner Klientin gemeinsam zum Positiven führen.

Für mich war es mit meiner langjährigen Klientin natürlich auch eine herausfordernde Zusammenarbeit, wenn ich auf die Anfänge zurückblicke. Ich gab ihr eine Sitzung, übermittelte die Informationen, die ich für sie bekam, doch bei meiner Klientin fiel das Gesagte nicht auf fruchtbaren Boden. Das war für mich eine unschöne Situation, an der ich dennoch nichts ändern konnte. Das ist eine Seite des medialen Daseins, mit der ich lernen musste umzugehen: abgelehnt zu werden und die Ablehnung zu akzeptieren. Manchmal bemerke ich auch das generelle Unverständnis meiner Klientin für das Gesagte. In diesen Fällen weiß ich, dass ein bisschen Zeit verstreichen muss, damit die Informationen im Bewusstsein desjenigen ankommen. Doch die Ablehnung, die damit einhergeht, wenn ich meinen Klienten etwas sage, das sie nicht hören wollen, ist noch etwas anderes als bloßes Unverständnis. Dennoch habe nicht vor, meinen Klienten etwas anderes zu erzählen als das, was ich für sie bekomme. Ich musste lernen, dass ich erst im Nachgang des Lebens in meiner Arbeit dadurch bestätigt werde, dass die Entwicklungen genauso eintreten, wie ich es in einer medialen Sitzung aufzeige.

Mit einer anderen Klientin habe ich Ähnliches erlebt. Sie kam in einem Moment höchster Verzweiflung zu mir. Auch sie suchte Hilfe im Hinblick auf eine bevorstehende Trennung in einer Partnerschaft und wollte genau das nicht wahrhaben. Wenn ich merke, dass die Informationen meine Klienten in einer Sitzung sehr getroffen haben, rufe ich sie nach ein paar Tagen noch einmal an. Ich frage, wie es ihnen geht und was die Sitzung in ihnen ausgelöst hat. Manchmal haben die Klienten Fragen im Nachhinein. Die genannte Klientin sagte mir am Telefon, dass es die übelste Stunde ihres Lebens gewesen sei. Das ist für mich natürlich nicht leicht zu hören - für diese Arbeit, die ich in Ehrlichkeit abhalte, eine solche Rückmeldung zu bekommen. Denn natürlich wünsche ich mir, die Klienten in einen besseren Zustand versetzen zu können. Doch manchmal ist es nicht der Fall und die gemeinsame Arbeit braucht etwas Zeit, um eine positive Entwicklung herbeiführen zu können. Diese Nebenwirkung hat mich am Anfang meiner medialen Beratungen sehr irritiert. Schon die erste Sitzung mit meiner Freundin Roswitha war herausfordernd und förderte eine schmerzhafte Wahrheit zutage. Ich musste mich daran gewöhnen, dass ich als Medium nicht immer nur gefragt bin und schwierige Botschaften zu übermitteln habe. Es gehört für mich zu meinem Erfahrungsweg dazu, dass die mediale Arbeit verschiedene Facetten hat. Ich erlebe mit jedem Klienten immer wieder etwas Neues. Inzwischen habe ich eine sehr große Standfestigkeit entwickeln können und kann damit umgehen, dass ich bei meinen Klienten nicht immer positive Reaktionen auslöse. Das hat natürlich auch mit meinem Naturell zu tun. Ich habe selbst schon mediale Sitzungen genommen und erlebt, dass mein Gegenüber an brenzligen Punkten einen Rückzieher gemacht hat. Das darf einem Medium nicht passieren: Ich lasse meine Klienten im entscheidenden Moment nicht im Stich und stehe ihnen auch in herausfordernden Situationen zur Seite.

In meiner Arbeit beziehe ich mich immer auf die Ebene, auf der sich meine Klienten befinden. Durch meinen Coachinghintergrund habe ich eine differenzierte Betrachtungsweise entwickelt. Wenn ich mit einem Klienten an einen wunden Punkt komme, das heißt auf schmerzhafte und herausfordernde Themen stoße, ist es wichtig zu fragen: Ist der Klient bereit, diesen Entwicklungsschritt zu gehen oder ist es in diesem Moment zu viel für ihn? Wenn er lediglich zögert und hadert, kann ich ihm dahingehend helfen, dass er seine Brücke betreten kann und ans andere Ufer gelangt. Meine medialen Sitzungen bestehen deshalb nicht nur aus Voraussagen. Im medialen Coaching gibt es die Möglichkeit, tiefer in ein Thema einzusteigen, dieses gemeinsam zu bearbeiten und Blockaden aufzulösen.

Liebe, Beziehung, Ehe und Partnerschaft sind häufige Themen in meinen medialen Sitzungen. Oft kommen Klienten mit dem Wunsch nach einem Lebenspartner zu mir und sagen: »Ich wünsche mir so sehr einen Partner an meiner Seite, aber irgendwie kommt da einfach keiner. Kannst du mal gucken, ob da einer ist oder ob da nie mehr einer sein wird.« Es gibt ganz unterschiedliche Ausrichtungen. Ich habe schon Sitzungen erlebt, in denen ich meinen Klienten ganz konkrete Entwicklungen voraussagen konnte: »Du wirst deinen Partner im beruflichen Umfeld treffen. Es wird jemand sein, der dich an der Stelle in deinem Leben unterstützen wird, wo du es gerade schwer hast.« Diese Informationen haben sich später genauso in der Realität bewahrheitet. Da hätte ich fast noch das Aussehen und den genauen Zeitpunkt des Kennenlernens voraussagen können. In anderen Sitzungen ist die erste Information, dass eine Herzblockade besteht. Dann geht es darum, mit dem Klienten erst einmal an seinen eigenen Themen zu arbeiten.

Eine Herzblockade entsteht, wenn im Leben des Klienten emotionale Verletzungen passiert sind, die nicht verarbeitet worden sind. Das Herz ist eigentlich etwas Offenes, so dass die Liebe frei fließen kann. Doch wenn wir verletzt wurden, von unseren Eltern oder von vorherigen Liebespartnern oder oft von der ersten großen Liebe, bauen wir einen Schutzmechanismus auf und machen Türen zu. Umso mehr Türen wir zumachen, umso weniger fließt die Liebe. Daraus entstehen bestimmte Beziehungsmuster. So gibt es Menschen, die einen Partner haben, der sich immer wieder von ihnen trennt. Oder Menschen, die eine so tiefgreifende Verletzung erlebt haben und deshalb als Schutz vor erneuter Verletzung niemanden kennenlernen.

Innerhalb einer medialen Sitzung können sich unterschiedliche Realitäten zeigen. Wenn ein Klient z. B. wegen eines Partnerschaftsproblems eine mediale Sitzung nimmt, bekomme ich vielleicht zunächst die Information, dass eine Trennung bevorsteht. Wenn wir in der Sitzung weitergehen, kommt die Information, dass das Problem nicht auf der Seite des Partners liegt, sondern dass beim Klienten eine Herzblockade besteht. In diesem Fall kann der Klient selbst entscheiden, ob wir daran arbeiten wollen, diese Herzblockade aufzulösen. Das wird oft und gerne angenommen. Wenn die Herzblockade aufgelöst wird, zeigen sich neue Bilder. Der Klient kann seinen Partner anders annehmen und mit ihm wieder in Verbindung kommen. Durch die Auflösung der Herzblockade kommt der Klient auf eine höhere Ebene und etwas anderes kann mit dem Partner stattfinden. Der Weg, den ich zuvor gesehen habe, dass es in die Trennung geht, verändert sich.

Entflechtung, Auflösung, Energiearbeit
Klientengeschichten II

Ein weiterer langjähriger Klient sagte mir, dass er mich am Anfang getestet habe. Er hatte einen sehr bodenständigen Freund, dem er von den medialen Sitzungen erzählte. Sein Freund sagte natürlich, das sei alles Quatsch. Ein Medium sei einfach ein Mensch, der ein bisschen mehr Lebenserfahrung hätte als andere. Mein Klient hat mich daraufhin zweimal getestet, indem er mich nach Menschen in seinem Umfeld befragt hat. Und ich habe diese Tests bestanden. Über meine Intuition konnte ich ihm mit wenigen Sätzen diese Menschen im Kern beschreiben. Dieser Klient war auch einmal bei einer Wahrsagerin. Er sagte, im Unterschied zu mir beantwortete die Wahrsagerin ihm lediglich Fragen, doch mit den Antworten fühlte er sich alleine gelassen. Nach dem Besuch bei der Wahrsagerin stand mein Klient am gleichen Punkt wie am Anfang. Er hatte zwar die Antworten gehört, doch es konnte keine Entwicklung während der Sitzung stattfinden.

Das ist in meinen Sitzungen anders: Wenn Zusammenhänge verstanden werden, bekommen meine Klienten ein neues inneres Bild und betrachten die Situation, um die es geht, aus einem anderen Blickwinkel. Mein Klient kam zu mir, weil er mit der Scheidung von seiner Frau überfordert war. Ihm ging es nicht nur darum zu erfahren, ob es zur Scheidung kommen würde oder nicht, sondern auch darum, wie er zu einer guten Scheidung finden könnte. Wie konnte er zu einer Lösung kommen, die für alle Beteiligten die beste war? Mein Leitspruch ist: »Zum höchsten Wohle aller.« Ich glaube, das ist mittlerweile auch für meine Klienten zu einem Mantra geworden. Je länger sie mit mir arbeiten, umso mehr verfolgen auch sie den Gedanken, dass es immer eine gute Lösung für alle geben soll.

Es kommt relativ häufig vor, dass Menschen zu mir kommen, wenn sie sich am Ende einer Ehe oder Partnerschaft befinden. Die Situation meines Klienten ist ein gutes Beispiel dafür. Als mein Klient zu mir kam, befand er sich in der Trennungssituation mit seiner Frau. Es war ein Rosenkrieg entstanden. Im Mittelpunkt stand die Frage, wo die Kinder leben und wann mein Klient sie sehen konnte. Es gab Situationen, in denen man erkennen konnte, dass mein Klient und seine Frau noch nicht ganz voneinander losgelassen hatten. Ich beschreibe das immer als ein dickes Seil: Ein Tau besteht aus vielen kleineren Fäden und reißt nicht ganz plötzlich ab. Nach und nach lösen sich die einzelnen Fäden voneinander. Meine Erfahrung zeigt, dass sich auch eine Trennung in Etappen entwickelt.

Bei Scheidungen sollte die Trennung nicht auf dem Rücken der Kinder ausgetragen werden. Die medialen Sitzungen helfen dabei, die größeren Zusammenhänge zu erkennen, verständnisvoller zu werden und darauf das Handeln auszurichten. So wurde meinem Klienten und mir in einer Sitzung gezeigt, dass seine Frau Angst hatte, ihre Kinder zu verlieren. Über diese Erklärung konnte mein Klient verstehen, dass das extreme Verhalten seiner Frau nicht gegen ihn gerichtet war, sondern dass die Angst ihr Verhalten ausgelöst hatte. Manchmal erhalte ich in einer Sitzung auch hilfreiche Empfehlungen für meine Klienten, z. B. »Frag deine Frau, ob sie Angst hat, ihre Kinder zu verlieren.« Oder Sätze wie: »Ich bringe deinen Sohn danach zu dir zurück.« Mein Klient konnte mit neuem Verständnis auf seine Frau zugehen und ihr vermitteln, dass sie ihr Kind nicht verlieren würde, auch wenn ihr Sohn einen Tag länger beim Vater blieb. An der Oberfläche war zwischen den beiden ein Gerangel um das Kind entstanden, doch durch das tiefere Verständnis, konnte mein Klient seiner Frau gegenüber sanftmütiger werden. Das sind die hilfreichen Anleitungen, die in einer medialen Sitzung kommen, die zu einem verständnisvolleren Miteinander beitragen und mir ist es wichtig, dass sich die Wogen zwischen Menschen glätten lassen.

Meinem Klienten war sehr daran gelegen, in einer guten Verbindung mit seinen Kindern zu bleiben. In den medialen Sitzungen fragten wir immer wieder nach den Bedürfnissen der Kinder. So wurde uns z. B. gezeigt, dass sein Sohn sich danach sehnte, einmal mehrere Tage beim Vater zu verbringen. Das half meinem Klienten, sich dafür stark zu machen, weil ihm deutlich wurde, dass es nicht nur seinem Bedürfnis entsprach, sondern auch dem des Kindes. Diese Einsichten wären ohne die mediale Arbeit nicht sichtbar geworden, weil das Kind noch zu klein war, um diese selbst zu benennen und auch niemand danach gefragt hätte.

In einer anderen Phase wollte mein Klient das Haus verkaufen, das er ursprünglich zusammen mit seiner Frau gekauft hatte. Da kam in der medialen Sitzung die Frage nach einer guten Vermögensaufteilung auf. An anderer Stelle fragte er, wie er mit den Unterhaltsforderungen umgehen konnte. Es mussten klare Verhältnisse geschaffen werden, denn nur das, was da war, konnte auch verteilt werden. Wir bekamen die Information, dass es wichtig war, dafür zu sorgen, dass seine frühere Frau wieder in ihre eigene Kraft kam. Sie sollte nach einer eigenen Jobmöglichkeit Ausschau halten, als die Kinder im Kindergartenalter waren. So können über diese positiven Anstöße aus den medialen Sitzungen nicht nur den Klienten selbst geholfen werden. Auch den Mitmenschen meiner Klienten werden immer wieder neue Treppenstufen in der eigenen Entwicklung ermöglicht.

Mittlerweile hat sich die Situation zwischen den beiden früheren Ehepartnern komplett entspannt. Mein Klient sagte mir, dass es für ihn in der medialen Arbeit mit mir nicht nur um Fragen bzw. um die Antworten darauf ginge, sondern um das Auflösen von komplexen Situationen. Durch die medialen Sitzungen bzw. die Aufstellungsarbeit geschieht ein Entflechten. Eine Scheidung ist natürlich eine hochkomplexe Situation. Es geht um denjenigen selbst, um den Partner, um die Kinder, um den Besitz und die Wohnsituation. Mein Klient hat in unseren Sitzungen erlebt, dass sich über die Aufstellungsarbeit die komplexen Situationen sehr schnell lösen lassen. Er sagte, dass er in jeder medialen Sitzung eine Klärung erfährt und eine Erklärung dafür bekommt, warum etwas gerade passiert und womit es in Zusammenhang steht.

Oft nehmen wir an, es gehe nur um uns selbst als Individuum oder etwas wäre mit uns nicht in Ordnung, doch es besteht immer ein Zusammenhang mit vergangenen Situationen, z. B. aus der Kindheit, und dadurch entstehen Komplikationen. Mein Klient sagte, dass genau diese Dinge, die im Verborgenen liegen, die irgendwo unbewusst in ihm ablaufen, in unseren Sitzungen zur Sprache kommen. Durch die mediale Arbeit und die wiederkehrenden Sitzungen wird er selbst immer besser darin, die Dinge zum Positiven zu bewegen. Sein Blick schult sich für Zusammenhänge. So sind die medialen Sitzungen mit mir einerseits eine Beratung und andererseits eine Fortbildung, eine Wahrnehmungsschulung für meine Klienten.

Manchmal bin ich selbst überrascht von den Zusammenhängen, die sich in den Sitzungen zeigen. Sie sind auch für mich oft eine Lehrstunde des Lebens. In jeder Sitzung bekomme ich Neues gezeigt, auch mein Horizont erweitert sich durch die Arbeit mit meinen Klienten. Es ist niemals langweilig, jeder erhält individuelle Antworten. Jeder Klient bekommt sein persönliches Paket mit seinen Inhalten, mit Anleitungen, die er jetzt gerade in die Umsetzung bringen kann. Ich erlebe es so, dass das, was sich in einer medialen Sitzung zeigt, immer eine Punktlandung für den Klienten ist: Er bekommt das, was er verstehen kann, und die Schritte gezeigt, die er jetzt gehen kann.

Meine Klienten melden sich oft in SOS-Situationen, in Momenten tiefster Verzweiflung. So rief mich auch dieser langjährige Klient einmal an und sagte: »Ich kann einfach gar nicht mehr.« Es gab große Konflikte in seiner Familie und gleichzeitig herausfordernde Situationen im Beruf. Er war an seine Grenzen gekommen, es war eine Mischung aus Konfliktsituation und Erschöpfung. Er hatte das Gefühl, gar nicht mehr weiter zu wissen, unterzugehen. Es war ihm, als spülten Wellen über ihn hinweg. Kurz gesagt: Er war völlig neben der Spur.

Bei einem psychischen Zusammenbruch ist unsere mentale Ebene ausgelaugt und die Emotionen übersteuern. Es ist wie bei einem Luftballon, in den andere Nadeln stechen und aus dem ganz schnell die Luft entweicht. Gerade innerhalb einer Familie ist es einfach, sich gegenseitig zu verletzen. Die Menschen, die uns am nächsten stehen, spüren, wo wir am verletzlichsten sind. In diesen Fällen arbeite ich mit Energieübertragung in Form von Heilungsarbeit. Dann erlebe ich, wie ein Klient, der völlig am Boden liegt, nach 45 Minuten wieder aufgerichtet ist, sich gut fühlt und wieder weiter durch sein Leben gehen kann. Das freut mich im Hinblick auf die Effizienz meiner Arbeit. In diesen SOS-Situationen erkenne ich immer und immer wieder, dass meine Arbeit funktioniert und dass diese unsichtbaren Ebenen wirklich existieren.

In diesen Momenten arbeite ich nicht mit einzelnen Themen, sondern mit Energieflüssen unterschiedlichster Frequenz. Im regulären Zustand ist unser Energiefeld voll gefüllt. Meine Aufgabe ist es, immer wieder Pflaster über die Einstichstellen des Luftballons zu kleben und Energie hinein fließen zu lassen In dieser Energie- und Heilungsarbeit bin ich Kanal und Überträgerin von neuer positiver Energie. Ich verbinde mich mit der göttlichen Quelle. In dieser Quelle ist für mich alle Energie vorhanden, die wir jemals brauchen, damit es uns gut geht. Ich stelle zwischen dieser Quelle und meinem Klienten eine Verbindung her. Manchmal bekomme ich Informationen dazu, manchmal auch keine. Das Wichtigste ist, dass ich die Energie fließen sehe. Die Energie fließt wie ein Strom durch mich hindurch zum Klienten hin.

Das Energiefeld bezieht sich auch auf unsere Aura und wenn starke Zusammenbrüche kommen, kollabiert unsere Aura. Im erschöpften Zustand ist von der Aura nichts mehr da. Sie hängt wie ein nasses Kleid am Klienten herunter. Manchmal nehme ich auch die Energien von anderen Menschen an Klienten wahr. Es sieht aus, als hätten sie Päckchen oder Säcke an ihrer Aura hängen. Manchmal ist die Aura eines Klienten auch etwas

Zerrissenes wie ein Fetzenkleid, wenn z. B. viele emotionale Verletzungen da sind. Ein Aurabild wird oft in verschiedenen Farben dargestellt und changiert in den Farben unserer Chakren. Ich sehe auch die Energieflüsse in Farben. Beim Auffüllen der Energien arbeite ich deshalb mit Farben, da Farben unterschiedliche Qualitäten darstellen. Die Farbe Rot hat eine andere Frequenz und Qualität als Gelb, Grün oder Blau.

Nach einer Sitzung, in der Energieübertragung stattgefunden hat, ist die Aura meiner Klienten wieder intakt. Es ist ein ovales Feld wie ein Schutzraum, das denjenigen umgibt. Meine Klienten nehmen diese Veränderung ganz unterschiedlich wahr. Sie beschreiben, wie es in ihren Füßen anfängt zu strömen und wärmer wird. Oder sie bemerken, wie etwas Warmes in ihren Herz- oder Bauchraum hineinläuft. Das sind natürlich schon geübtere Klienten, die so etwas zur Aussage bringen können. Manche Klienten sagen einfach, dass es ihnen besser geht.

Die Rolle als Notfallhelferin ist eine Ehre und eine Wertschätzung, doch es ist natürlich auch eine große Verantwortung. Für meine mediale Arbeit ist es wichtig, als Person ein gutes Standing und mich mit mir selbst auseinandergesetzt zu haben. Anders könnte ich die Arbeit gar nicht machen. Ich sage immer: »In diesem Job kommt alles auf dich zu.« Alle Themenbereiche des Lebens werden angesprochen. Ich liebe diese Arbeit, weil ich das Gefühl habe, den Menschen auf positive Weise zu dienen und eine große Hilfe zu sein, selbst wenn Ansagen kommen und ich mich nicht immer beliebt mache.

Es ist wichtig, dass ich mich während einer medialen Sitzung emotional nicht von den Klienten anstoßen lasse. Das heißt, ich muss fortwährend in meiner eigenen Leitung bleiben und alles genauso übermitteln, wie es bei mir ankommt. Ich muss genau sein im Hinblick auf die Intensität und den Wortlaut und die Bilder detailgetreu beschreiben. Natürlich bringe ich auch persönliche Worte ein, doch das sage ich den Klienten immer dazu. Wenn ich vorher aus meinem Kanal heraus spreche und später eine persönliche Meinung dazu anbringe, mache ich das dem Klienten gegenüber deutlich. Ich sage: »Jetzt kommt eine Empfehlung von mir.« Viele Frauen kommen in Trennungsphasen zu mir. Es sind große Emotionen dabei und es wird viel geweint. Wenn über meinen Kanal keine konkreten Hinweise zum Thema kommen, ist meine persönliche ganz pragmatische Empfehlung: »Geh einmal zum Rechtsanwalt und hole dir ganz weltliche Informationen ein, wie die Dinge rechtlich für dich stehen.« Diese pragmatische Seite schalte ich während meiner medialen Beratungen nicht aus.

Außerdem darf ich mich von den Klienten nicht in eine bestimmte Richtung drängen lassen und ihnen sagen, was sie gerne von mir hören würden. Wenn sie mich anrufen und etwas bekommen, das sie nicht hören wollen, ist die Reaktion nicht immer sanft. Wenn z. B. ein Klient krank ist und wissen will, wie das Ergebnis der nächsten Untersuchung ausfällt, möchte er natürlich nur Positives hören. Und auch ich möchte ihm am liebsten genau das übermitteln. Doch wenn ich nichts Positives gezeigt bekomme, ist es sehr schwierig, meinem Gegenüber die Botschaft zu übermitteln. Ich erlebe an Klienten, dass erst dann meine Fähigkeiten angezweifelt werden, wenn etwas kommt, das sie nicht hören wollen. Plötzlich wird alles in Frage gestellt und offen gefragt: »Bist du sicher, dass du das siehst?« Ich habe mit der Zeit gelernt, damit umzugehen. Am Anfang waren das Situationen, in denen ich ins Wanken gekommen bin und mich gefragt habe: »Wie sicher bin ich mir jetzt selbst?« Doch bin ich nie ganz ins Zweifeln gekommen und habe mich nie komplett von meinen Klienten verunsichern lassen.

Gerade im Hinblick auf das Thema Gesundheit sind es oft sehr schwierige Botschaften, die ich zu übermitteln habe. In solchen Situationen ist wiederum die eigene Standfestigkeit gefragt. Wenn ein Klient sehr krank ist, hängt er an meinen Lippen. Vom Klienten kommt in dem Moment Angst. Doch ich darf mich nicht auf die Ebene seiner Angst einlassen, ich bin nur die Übermittlerin der Informationen. Ich darf mich nicht beirren oder beeinflussen lassen. Dafür habe ich meine persönlichen Techniken entwickelt, so dass ich nicht in Irritationen komme, denn das wäre für alle Beteiligten nicht ratsam. Es gibt mediale Berater, die zu Fragen dieser Art keine Antwort anbieten. Ich habe für mich keine Grenzen bzw. keine Fragen, die ich von

Anfang an ausgrenze und nicht beantworte. Meine Klienten dürfen mich alles fragen. Mein Vertrauen in meinen Kanal, in die Anbindung an die göttliche Quelle, ist stetig gewachsen, da ich immer wieder die entsprechenden Rückmeldungen in der Realität bekommen habe. Inzwischen weiß ich, dass ich auch bei unliebsamen Botschaften einen festen Stand habe, weil ich mich auf meine Anbindung verlassen kann.

Ich habe selbst einmal eine solche Situation erlebt, als ich wegen der bereits erwähnten Blutdruckkrisen im Krankenhaus war. Meine Medialität steht mir ja nicht nur für andere zur Verfügung, sondern auch für mich selbst. Der Arzt kam und sagte: »Wir haben etwas an ihrer Leber entdeckt, wir müssen Sie jetzt ganz durchchecken.« Leberkrebs lautete die Diagnose. Mein Gefühl sagte mir, dass der Arzt sich täuschte. Trotzdem löste die Diagnose Angst und inneres Chaos in mir aus. Ich habe zwar meine innere Stimme sehr klar gehört, doch meine Angst war größer. Ich habe eine Freundin angerufen, die ebenfalls medial arbeitet. In dieser Situation habe ich erfahren, wie wichtig für mich als Patientin die Antwort meiner medialen Freundin war. Wie ist die Geschichte ausgegangen? Meine Freundin sagte mir, dass es kein Leberkrebs sei. Am nächsten Tag kam der Arzt und entschuldigte sich für seine falsche Diagnose. So habe ich auch die andere Seite erlebt und es hat mich noch mehr darin bestärkt, in allen Situationen verantwortungsvoll und ehrlich mit meinen Klienten umzugehen.

In der medialen Arbeit muss ich gut auf mich selbst achten. Natürlich habe ich mit den Klienten, die über viele Jahre immer wieder zu mir kommen, eine intensivere Beziehung und kann mich nicht vollständig distanzieren. Bei schweren Lebensthemen und Krisen merke ich, das es mir nachgeht. Doch ich habe Techniken entwickelt, so dass ich gut für mich selbst sorgen kann, um die Themen anderer loslassen zu können. Das ist mir am Anfang meiner medialen Arbeit schwer gefallen. Ich fuhr von meiner Praxis nach Hause und blieb im Flow, es kamen immer noch Informationen zum Klienten. Ich achte darauf, dass meine Klienten nicht meine eigene Themen antriggern. Während ich in einer Sitzung bin, kann ich das sehr gut trennen. Da habe ich mein Handwerkszeug, so dass ich in die Anbindung gehe und mir sagen kann: »Ich bin hier nur ein Kanal, mein Eigenes bleibt außen vor.« Es geht darum, dem Klienten eine Anleitung und Informationen zu geben. Ich bin das Medium für ihn und sein Thema und sollte nicht mit ihm leiden. Wenn ich Klienten lange begleite, ist das oft von Vorteil, denn manches, was ich mit ihnen schon vor Jahren erarbeitet habe, kommt wieder. Manchmal gehen wir im Leben eine Entwicklungsstufe höher, purzeln jedoch auch wieder hinunter. Dann kann ich meine Klienten erinnern: »Denk daran, dass das Thema möglicherweise mit dem zusammenhängt, was wir damals bearbeitet haben. Schau dir an, ob das Leben dir eine Aufgabe gibt, die du für dich noch einmal bearbeiten kannst.«

Streetwork & Firmenkarma
Klientengeschichten III

Die Fragen meiner Lehrerin Regina haben mich manchmal zum Nachdenken gebracht, doch die Sitzungen bei ihr hatten generell eher einen voraussagenden Charakter. Es gibt auch mediale Berater, zu denen Menschen gehen, weil sie Erleuchtung suchen. Durch meinen Hintergrund als Coach habe ich ein anderes Verständnis von meiner Rolle als Medium. Für mich besteht meine Arbeit in der Hilfe bei der Bewältigung von Lebenskrisen. Das hat natürlich auch etwas mit meiner eigenen Entwicklung und Lebenserfahrung zu tun. Die Informationen und die Situationen werden in meinen Sitzungen genau angeschaut. So wird in meinen Klienten eine Bewusstseinsebene für ihre Entwicklung angelegt.

Das Schöne an meinen Sitzungen ist, dass oft eine ganz lebensnahe Anleitung kommt. »Stelle diese Frage, danach sage das.« Mir gefällt die Idee, dass ich die Streetworkerin unter den medialen Beratern bin. Streetworker sind diejenigen, die rausgehen, um Menschen in Not zu helfen - im ganz realen Leben. Es gibt immer ganz klare Realitätsbezüge und Hilfen in meinen Sitzungen. Die Klienten bekommen gleichzeitig mit den Bauklötzen eine Anleitung zum Aufbau an die Hand. Es ist, als würde in ihnen eine Treppenstufe angelegt und darüber, dass sie in die Realität hinausgehen und umsetzen, was sie erfahren haben, nehmen sie diese Stufe. Für mich ist es wichtig, dass der Klient seinen eigenen Willen behält. Er geht mit einer Anleitung nach Hause und trotzdem hat er den freien Willen zu entscheiden, ob er danach handelt oder nicht.

Die Themen, die meine Klienten mitbringen, kommen auch oft aus dem Arbeitsleben. Ein Klient hatte einen Streit mit seinem besten Mitarbeiter und war kurz davor, die Kündigung auszusprechen. Durch die mediale Sitzung wandelte sich sein Blick auf die Situation und er bekam eine Anleitung, wie er mit seinem Mitarbeiter anders umgehen konnte. Mein Klient erfuhr, was im Inneren seines Mitarbeiters vorging. Es ging um ein gesundheitliches Thema und es wurde deutlich, dass das Problem nichts mit der Arbeit zu tun hatte. Dadurch dass meinem Klienten der Blickwinkel auf dieses Schattenthema gegeben wurde, konnte er zu einem anderen Verständnis seines Mitarbeiters kommen. Oft fördern die medialen Sitzungen genau dieses Mitgefühl. Meinem Klienten wurde eine genaue Anleitung gegeben in dem Sinne: »Sprich das an.« »Hole deinen Mitarbeiter genau an dem Punkt ab.« »Frage doch mal das.« So kam er aus dem Konflikt heraus und konnte auf eine neue Ebene gehen, anders handeln und reagieren. Er setzte das Erfahrene in die Realität um und nahm diese Treppenstufe in seiner Entwicklung.

Konflikte im Berufsleben sind ein wiederkehrendes Motiv in meinen Sitzungen. Auch hier geht es für meine Klienten darum, tiefere Zusammenhänge zu erkennen und sich weniger auf die oberflächliche Ebene der Konkurrenz, des Streitens und des Hasses einzulassen. Wenn ein Klient in irgendeiner Weise angefeindet wird, kommt oft die Botschaft: »Halte dich nicht daran auf, sondern gehe einfach weiter auf deinem Weg.« Oder: »Besinne dich darauf, was du Gutes gemacht hast.« Oder: »Geh in dein Bewusstsein, geh in dein Herz.« Über diese Informationen kommt die Situation auf eine andere Ebene. Die Anfeindungen hören auf, weil sie keinen Nährboden mehr finden.

Auch mediale Unternehmensberatung ist möglich. In einer meiner Sitzungen wurde die Frage nach einem höheren Kundenzufluss gestellt. Doch ich bekam die Information, dass der Firmeninhaber krank war und dass er, wenn er mehr Kunden bekäme, es gesundheitlich nicht schaffen würde. Daran lässt sich ablesen, wie oft es eine verborgene Ursache für eine Situation gibt: Auf der einen Seite wünschte sich der Inhaber mehr Kunden, auf der anderen Seite hätte er genau das gar nicht bewältigen können. So kann ich meinen Klienten manchmal lange Coachings ersparen, indem ich versteckte Probleme sofort anspreche und auf den Punkt bringe.

Ich habe einen langjährigen Klienten, der ebenfalls mit seinen beruflichen Themen zu mir kam. Oft ist es so, dass Klienten mit mir über den Beruf in die mediale Arbeit einsteigen und nach und nach, wenn sich das Vertrauen vertieft hat, begleite ich auch die partnerschaftlichen und die Familienthemen. Am

Anfang unserer Arbeit stand bei diesem Klienten das Thema Kundenzuflüsse im Mittelpunkt. Ich bekam die Information, dass er seine innere Tür zuhielt. Es ging darum, diese innere Tür zu öffnen, damit überhaupt Kunden zu ihm kommen konnten. Danach hatte er über Jahre einen Großauftrag, doch die Geschäftsbeziehung geriet in eine Schieflage und wurde zunehmend anstrengend. Mit diesem Auftraggeber hätte er noch viele Jahre sehr viel Geld verdienen können, doch es wäre auf Kosten seiner Gesundheit und seines Wohlbefindens gegangen. Er musste loslassen, obwohl die Zahlen meines Klienten etwas ganz anderes sagten. Ich sagte: »Es ist ein Riesentanker, doch den kannst du jetzt von deinem Steg ablegen lassen. Der braucht sehr viel Platz am Steg. Und erst wenn du ihn ablegen lässt, ist Raum da, um mehrere neue kleine Schiffchen anlegen zu lassen.« Mein Klient spricht heute noch von den Bildern, die in unserer Sitzung entstanden und die sich ihm stark eingeprägt haben. Ich selbst behalte nicht alles, was ich in den Sitzungen bekomme, denn oft ich übermittle ich die Informationen einfach nur. Ich finde es jedoch schön, dass mein Kanal viel in Bildern spricht, weil sie sich sehr bei meinen Klienten einprägen. Inzwischen hat der große Tanker abgelegt und es haben mehrere neue kleine Schiffchen angelegt. Dieser Klient ist eigentlich ein Mann der Zahlen. Er sagte, dass ihm die mediale Beratung genau deshalb gut tue: Er sieht, dass nicht nur die Zahlen zählen, sondern dass es auch andere Zusammenhänge gibt. Ihm wird immer wieder bewusst, dass wir Menschen miteinander vernetzt sind. Er selbst beginnt durch die mediale Arbeit, seine Kunden anders zu betrachten und hat inzwischen oft festgestellt, dass sich bestimmte Lebenssituationen in den Zahlen seiner Kunden widerspiegeln. Wenn z. B. ein Unternehmer eine gut laufende Firma betreibt und plötzlich die Zahlen schlechter werden, stellt mein Klient Fragen nach dem Privatleben, der Gesundheit oder ob die Enkelkinder krank sind. Zu mir als Medium zu gehen, bedeutet für ihn, aus seiner Zahlenwelt auszubrechen und in eine andere Welt einzutauchen. Dieser Klient schätzt an der medialen Arbeit, dass er manchmal darüber ganz klare Ansagen erhält, wie z. B. »Tu es jetzt.« oder »Begrab das.« So konnten wir in einer medialen Sitzung den Kauf einer neuen Immobilie abklären. Er brauchte für seine Tätigkeit neue Räume und hatte aufgrund seiner Zahlen die Kriterien abgesteckt. Es gab ein Gebäude, das zahlentechnisch seinen Wünschen entsprach, doch es kam die Ansage, dieses Haus nicht zu kaufen. Denn das, was für sein Zahlenwerk das Beste war, war nicht unbedingt das Beste für seine Nerven. Wenn wichtige Entscheidungen zu treffen sind, kommt dieser Klient zu mir. Ich bin sozusagen die Ballwand und bringe zu seinen Geldbällen neue Bälle ins Spiel, die die Gesamtlage in einem anderem Licht erscheinen lassen.

Wenn es in der medialen Arbeit um Familienunternehmen geht, spielt die Familiengeschichte immer eine große Rolle.

Das Familien- und damit das Firmenkarma umfasst Schicksale, die innerhalb der Familie liegen, die einst eine Firma gegründet hat. Erfahrungen werden auf ganz subtiler Ebene durch die Generationen weitergegeben. Es geht um Fragen wie: Wer war der Gründer des Unternehmens? In welche Hände wurde die Firma weitergegeben? Wurde diese Aufgabe in die richtigen Hände gegeben, das heißt, an den Erben, der diese Aufgabe am besten erfüllen konnte und dies selbst auch wollte? Manchmal werden Unternehmen an einen Nachfolger aus der Familie weitergegeben, der sich zwar verpflichtet fühlt, es aber eigentlich nicht übernehmen will. Die übrigen Nachkommen haben zwar das Glück, die Verantwortung nicht tragen zu müssen. Doch es hat diesen einen getroffen, der glaubt, dass die anderen die Glücklicheren sind. Und wenn einer aus der Familie eine Last daran trägt, tragen auch die anderen unbewusst diese Last genauso mit. Oft werden Unternehmen instrumentalisiert, um andere Familienthemen zu klären, z. B. um Kinder zu bestrafen, wird ihnen die Firma nicht vererbt. Das Auflösen von Familienkarma bedeutet, sehr schmerzhafte Dinge in die Wertschätzung und in die Akzeptanz zu bringen.

In der Arbeit mit einer langjährigen Klientin erfuhren wir mehr darüber, wie eng die Firma, in der sie Mitinhaberin war, mit dem Familienkarma verwoben war. Zum Zeitpunkt unserer Sitzung stand das Unternehmen fast vor dem Bankrott. Die Firma war einmal ein Familienunternehmen gewesen und über Generationen vererbt worden. Jedoch war nur noch ein Mitglied der früheren Familie im Firmenvorstand, der mit meiner Klientin insgesamt aus drei Personen bestand. In unserer Sitzung wurden wir in der Familiengeschichte sehr weit zurückgeführt. Wir bekamen die Information, dass der Ursprung der jetzigen schlechten wirtschaftlichen Lage in der Vergangenheit lag. Vor vielleicht 100 oder 150 Jahren war das Unternehmen an jemandem übergeben worden, der dieser Aufgabe nicht gewachsen war. Derjenige hatte sich erhängt. Er ging in den Tod, weil er die Last nicht tragen konnte. Die Last, dass ein Mensch an der Schwere der Unternehmensführung zerbrochen war, wurde über Generationen hinweg weiter gegeben. Denn an dieses Schicksal musste, solange es nicht aufgelöst worden war, immer wieder erinnert werden. Irgendetwas musste immer wieder kaputtgehen. Es gab Nachfolger, die seelisch oder auf andere Weise daran zerbrachen oder die Firma selbst musste zerstört werden. Wir sahen in der Sitzung eine Leiche, die immer noch in der Firma lag. Dadurch, dass sich ein früherer Firmenchef das Leben genommen hatte, trugen alle nachfolgenden Firmenchefs immer eine schwere Eisenkugel am Bein. Immer wieder lief es schlecht, doch keiner kannte die Ursache. Alle Aktionen zum Aufbau der Firma liefen ins Leere, weil dieses ursprüngliche schwere Schicksal nicht gesehen wurde. Die Firma hatte damals ein Menschenleben gefordert. Und irgendwann musste die Firma selbst sterben, um ein Gleichgewicht herzustellen.

Durch die Auflösung des Schicksals in einer medialen Sitzung kann sich die Seele vom Unternehmen lösen, sie wird frei und kann ins Licht gehen. In meinen Sitzungen sehe ich das Auflösen von früheren Schicksalen in Energieflüssen, in denen sich die Bilder wandeln und verändern. Es ist wie eine Bildergeschichte, in der sich etwas nach und nach auflöst. Ich bekomme Bilder gezeigt und sehe, wie Licht in ein trauriges Bild fließt. Ich sehe den Mann, der sich aufgehängt hat. Indem meine Klientin und ich das Bild gemeinsam betrachten, das heißt, indem ich ihr das Bild beschreibe und in ihr das Verständnis für die Zusammenhänge wächst, entsteht ein Moment der Erlösung. Jemand hat das Schicksal dieses bedauernswerten Menschen angeschaut, der es damals nicht geschafft hat, das Unternehmen zu führen. Das ist der Moment, in dem diese Seele Licht bekommt und sich im Damals lösen darf. Wenn ich diese Geschichte erzähle, läuft mir etwas eiskalt den Rücken hinunter. Ich habe gesehen, dass viel Licht in dieses Bild floss und wie von dieser Seele aus Dankbarkeit und Licht zu den Nachkommen geflossen ist, die heute noch leben. Das war unglaublich erhellend. Durch die Auflösung konnte das Licht vom Urahnen in die Gegenwart fließen, wo zuvor nur Dunkelheit war und das Schicksal wiederholt werden musste. Wenn der Ursprung gesehen wird, ist das Schicksal erlöst und das Muster wird gestoppt. Die Veränderung entsteht durch das Anschauen. Durch den Prozess des Bewusstwerdens kann vieles aufgelöst werden.

In dieser Sitzung hatten wir ganz am Anfang die Information bekommen, wie es mit der Firma weitergehen würde und was meine Klientin zu tun hatte. Es zeigte sich die Lösung, dass sie und der weitere Mitinhaber die Firma alleine weiterführen sollten und derjenige, der aus dem früheren Familiensystem stammte, aus dem Vorstand ausscheiden sollte. Weil die Sitzung weiterging und wir die zurückliegenden Zusammenhänge erkannten, ergab diese Lösung noch mehr Sinn. Dadurch, dass in unserer Sitzung das Familienkarma geheilt wurde, sollte der Mitinhaber aus dem früheren Familiensystem auf respektvolle Art und Weise ausgesöhnt werden. Meine Klientin konnte das gut annehmen und nachvollziehen, weil es für sie in sich schlüssig war. Sie sagte am Ende der Sitzung: »Ich weiß, dass das die Lösung ist und ich weiß, dass das nicht leicht wird.«

Schon in der darauffolgenden Sitzung erzählte sie mir, dass der dritte Teilhaber bereits fünf Tage nach unserer Heilungsarbeit von sich aus angeboten hatte, das Unternehmen zu verlassen. Dieses Beispiel verdeutlicht, wie wirksam die mediale Arbeit tatsächlich in der Realität ist und dass nicht nur meine Klienten davon profitieren. Für alle Beteiligten zeigte sich eine positive Entwicklung: für ihre beiden Mitinhaber, die Mitarbeiter der Firma, das Unternehmen selbst und die erlöste Seele aus der Vergangenheit.

Die Menschen kommen aus den unterschiedlichsten Gründen zu mir. Die einen drückt es am meisten, weil sie in ihrer Partnerschaft nicht gut zurechtkommen. Die anderen haben gesundheitliche Probleme. Bei den Dritten läuft die Firma gerade schlecht. Manchmal kommen Angehörige, wenn sie mit einem Verstorbenen Kontakt aufnehmen wollen. Es ist mir wichtig, dass die Informationen, die ich in meinen Sitzungen bekomme, den Klienten nicht übergestülpt werden. Ich gebe die Information weiter und und gleiche sie ab. Ich frage nach: »Spüre, wie das bei dir ankommt.« Wenn ich vom Klienten eine positive Rückmeldung bekomme, bin ich in einem guten Flow. Ich glaube, die Klienten bekommen immer eine Dosis, die sie auch nehmen können.

Am Ende einer Sitzung haben meine Klienten einen Korb mit bunten Früchten bekommen. Einige Früchte werden gleich gegessen, andere bleiben eine Weile im Korb liegen. Das heißt, die Informationen, die in einer medialen Sitzung übermittelt werden, schaffen ein Bewusstsein, das in den Klienten geparkt ist, ein Verständnis, das sie anwenden können, wenn sie damit in den Alltag gehen. Sie können die Informationen in ihr Leben transportieren. Nach und nach können sie die bunten Früchte aus dem Korb nehmen und die Herausforderungen in ihrem Leben meistern. Wenn sie alle Früchte verspeist haben, sind sie durch die Situation gegangen, mit der sie ursprünglich in die Sitzung gekommen sind, sind daran gewachsen und haben einen guten Abschluss gefunden. Meistens kommen die Klienten zu mir, wenn sie mit ihrem Latein am Ende sind. Ich glaube, dass viele erst zu einem Medium gehen oder sich überhaupt diesem Unsichtbaren zuwenden, weil alle anderen Lösungen versagt haben. Für mich ist es so: Wer hilft, hat recht.

Neben meinem Coachinghintergrund liegt meinen medialen Sitzungen das systemische Wissen aus meiner Aufstellungsarbeit zugrunde. Es ist der Wissensschatz, aus dem ich schöpfen kann. Ein systemischer Zusammenhang, wie der Suizid des früheren Firmeninhabers, lässt sich in einer medialen Sitzung noch schneller herstellen als in der Aufstellungsarbeit. Dadurch, dass die Informationen über meine mediale Anbindung sofort da sind, komme ich schnell an den Ursprung zurück. Das ist etwas, was meine Arbeit von Aufstellungsarbeit anderer Berater unterscheidet. Die Medialität verknüpft und verbindet sich mit dem Wissen, das ich innerhalb meiner Lebens- und Berufserfahrung gesammelt habe. So ist die mediale Arbeit nichts, das für sich alleine steht. Eine mediale Persönlichkeit bildet sich aus dem Erfahrungshorizont des Menschen heraus. Die Informationen, die ein Medium bekommt, hängen immer mit diesem Erfahrungshintergrund zusammen. Ich habe eine medial veranlagte Freundin, die ganz andere Informationen bekommt als ich. Sie arbeitet mit Kräutern und Heilpflanzen. Wer zu ihr in die mediale Sitzung geht, bekommt z. B. einen Hinweis darauf, dass ihm Arnika helfen kann. Ihr werden keine Aufstellungsbilder gezeigt, weil sie diesen Wissenshintergrund nicht besitzt. Auch in meinen medialen Ausbildungen sollen sich keine Dubletten von mir bilden, stattdessen entwickeln die Teilnehmer eigene mediale Persönlichkeiten. Sie verknüpfen das, was sie mitbringen, mit ihrer späteren medialen Arbeit.

Von der Gabe zum Handwerk
Die Arbeit als mediale Ausbilderin

Nachdem ich über zehn Jahre lang medial gearbeitet hatte, bekam ich ganz unerwartet den Auftrag, andere Menschen darin auszubilden. Die Inspiration dazu kam in meiner Morgenmeditation. Ich wurde über meinen Kanal aufgefordert, diesen Weg zu gehen und mein Wissen weiterzugeben. Auch das habe ich mir wie so vieles nicht ausgesucht. Ich war immer damit zufrieden, einfach als Medium tätig sein zu können. Die Aussicht, in den Bereich der Ausbildung zu gehen, hat mich an diesem Morgen sehr überrascht. Sie war von gemischten Gefühlen begleitet. Es war gleichzeitig ein inneres »Juchuu« und ein »Oh Gott«. In diesem Moment wurde ich ein weiteres Mal über meine Wünsche und Vorstellungen hinüber gehoben.

Zum einen spürte ich eine große Freude, dass mir zugetraut wurde, andere Menschen auf den medialen Weg zu bringen. Ich freute mich, dass ich an einer Stelle gesehen wurde, an der ich mich selbst bisher überhaupt noch nicht gesehen hatte. Mir wurde im gleichen Moment klar, dass ich die Fähigkeiten und das Vertrauen sowohl in die göttliche Quelle als auch in mich selbst hatte. Nach vielen Jahren der Arbeit als spirituelle Beraterin wurde mir bewusst, dass ich über einen großen Erfahrungsschatz und Inhalte verfügte, um mit diesem Lehrstoff den Horizont der Menschen zu erweitern, die in meine Ausbildung kommen würden. Zudem konnte ich immer einen deutlichen Bezug zu meinen eigenen Erfahrungen aus der Realität herstellen. Da wusste ich: Es ist ein seriöser Fundus auf den verschiedenen Ebenen vorhanden, aus dem ich schöpfen konnte.

Doch im gleichen Moment wurde ich mir der Verantwortung bewusst, die es mit sich bringt, andere Menschen medial auszubilden. Eine Bootsfahrt ist ein passendes Bild dafür: Ich bin mit einem Boot im Hafen und es kommen Menschen an Bord. Wir sind gemeinsam auf hoher See unterwegs und ich kann nicht alles voraussehen, was mir passieren wird und was die Zugestiegenen erleben werden. Damit wir alle am sicheren Ziel ankommen, mache ich klare Ansagen: »Setzt euch auf die Bänke und lehnt euch nicht zu weit hinaus.« Am Anfang nicken alle Passagiere, aber ich weiß nicht, ob zwischendurch nicht vielleicht einer aufsteht oder sich doch zu weit hinauslehnt oder seekrank wird. Es ist immer noch ein unbegrenzter Raum, den wir betreten. Ich kann nie genau wissen, was sich ereignen wird, wen ich dabei habe und was derjenige mit sich bringt.

Andererseits liebe ich auch das Unvorhersehbare. Deshalb arbeite ich gerne mit Menschen und die mediale Arbeit bietet mir mit jedem Klienten eine neue Erfahrung. Mit jeder Persönlichkeit, jedem Lebensweg, jeder Entwicklung lerne ich etwas dazu. Und mein innerer Glaubenssatz ist: Wenn du etwas tust, tue es gut. Ich habe schon erzählt, dass ich eine Praktikerin bin. Als ich die Aufforderung bekam, eine mediale Ausbildung anzubieten, wollte ich es natürlich wissen. Kann das funktionieren? Wird sich überhaupt jemand dafür interessieren? Ich habe mein Netzwerk aktiviert und einen Informationsabend veranstaltet - mit den Gegebenheiten und Inhalten, die mir zuvor gezeigt wurden. Und es haben sich direkt Teilnehmer angemeldet. Bisher habe ich zwei Ausbildungsjahrgänge durchgeführt und stelle heute fest: Ich kann das. Das ganze Programm, das ich jetzt unterrichte, habe ich innerhalb meiner eigenen Arbeit als Medium gesammelt und in Zusammenhänge gebracht. Ich hatte zuvor bereits kleinere Workshops gegeben, die Ausbildung ist sozusagen »die große Runde«. Es sind darin über zehn Jahre mediale Arbeit enthalten. Diese Erfahrungen und dieses Wissen gebe ich natürlich sehr gerne weiter.

Jeder Ausbildungstag ist wie jede mediale Sitzung eine spannende Reise. Die Ausbildungskandidaten steigen zu mir ins Boot, und sie trauen mir zu, dass ich es durch alles Stürme navigieren kann. Umsicht und Fürsorge sind wichtig, auch wenn alle eine hohe Selbstverantwortung mitbringen müssen. Denn das Universum ist groß und weit, die Psyche der Menschen tief und ich weiß nie, welche blinden Flecken, Erlebnisse und sogar Traumata im Inneren der Ausbildungsteilnehmer vergraben sind, die möglicherweise durch spirituelle Erfahrungen angetriggert werden. Auch wenn ich mit jedem Kandidaten ein Vorgespräch führe oder die Teilnehmer zum Teil schon lange kenne, kommen wir dabei vielleicht doch nur bis zur Bettdecke und nicht bis zur Matratze, das heißt, die tieferen Schichten zeigen sich erst während der Ausbildung. Für die Teilnehmer fühle ich daher eine große Verantwortung.

Die Ausbildung ist als ganzjähriges Seminar angelegt mit zehn Seminartagen, alle sechs Wochen kommen die Teilnehmer zu einem Seminartag zusammen. Über die vielen Jahre medialer Arbeit wurde mir selbst ein Werkzeugkasten zur Verfügung gestellt und diese Werkzeuge gebe ich an die Kandidaten weiter. Ein Thema umfasst z. B. die medialen Zugänge - hellsehen, hellhören, hellfühlen, hellwissen - und die Frage, auf welchen Kanälen die Teilnehmer wahrnehmen. Es gibt Inhalte zu Energiearbeit, der Arbeit mit Energieflüssen, -feldern sowie Schwingungen. Die Teilnehmer lernen spezielle Meditationen und wie sie sich für ein Channeling vorbereiten. Denn die Selbstfürsorge ist immer oberstes Gebot. Sie lernen, wie sie ihre medialen Fähigkeiten bei anderen anwenden können. In der Ausbildung sprechen wir viel darüber, was es heißt ein Medium zu sein. Ich zeige die Vorteile, die wunderbaren Seiten und Herausforderungen auf. Wir klären, was es für jeden einzelnen bedeutet und wie das Umfeld denjenigen möglicherweise neu erlebt und reagiert. Die Teilnehmer bekommen Übungsaufgaben für zuhause. Und natürlich bekommen sie auch in Bezug auf Lebenssituationen »Lernplattformen« von der anderen Seite gestellt, das heißt, sie werden sich auch außerhalb der Ausbildung im eigenen Leben weiterentwickeln.

Es ist ein interessantes Feld zu schauen, wo Störfelder und Ängste bei den Kandidaten selbst liegen. Manche steigen ins Boot, aber nach drei Ruderzügen geht ihr innerer Alarm los. Das können Blockaden sein: Die Teilnehmer spüren, dass eine Tür nicht aufgeht oder nicht aufgehen will. Derjenige möchte zwar einen Zugang schaffen, doch es funktioniert einfach nicht. Dann können wir gemeinsam schauen, warum sich die Tür nicht öffnet. Oft gibt es persönliche Ängste: »Wenn ich medial arbeite, schwebe ich nur noch und bin nicht mehr geerdet.« Diese Angst kommt immer wieder vor. Doch genau das ist ein Teil der Ausbildung: Die Teilnehmer sollen ihre Ängste und Blockaden, die sich während des Kurses zeigen, anschauen und annehmen. Nur so lernen sie für ihren späteren Weg, eigenständig damit umzugehen. Ich gebe das weiter, was ich selbst erfahren habe. Auch ich bin an diesen Punkten gewesen und bis heute gibt es immer mal wieder unsichere Momente in meiner medialen Arbeit. Immer wenn sich meine eigenen Möglichkeiten und Fähigkeiten erweitern, ich z. B. noch mehr Heilwissen über Energieflüsse, Farbschwingungen, innere Bilder oder Anleitungen bekomme, ist das manchmal mit Ängsten verbunden. Die körperliche, emotionale und mentale Verfassung nimmt natürlich großen Einfluss auf die mediale Arbeit. Deshalb ist das Thema Selbstfürsorge in der Ausbildung so wichtig. Wenn wir körperlich oder psychisch schwach sind und uns schlecht fühlen, kann das Channeling nicht gut funktionieren. Ich selbst bemerke an Tagen, an denen ich körperlich weniger Kraft habe, dass ich zwar Informationen mit guter Qualität bekomme, doch die mediale Arbeit für mich sehr anstrengend ist. Wenn ich krank bin, habe ich es noch nie getestet, ob wirklich gar nichts geht oder es nur nicht sein soll. Da die mediale Ausbildung so anstrengend ist, gebe ich immer nur einen Seminartag. Genauso ist mir es mir als Information gegeben worden. Selbst wenn ich viele Inhalte und Anleitungen vermitteln könnte, bleiben bei den Teilnehmern doch nur 20 Prozent hängen. Doch es macht keinen Sinn, etwas in ein Gefäß einzufüllen, das nicht mehr aufnehmen kann. Deshalb habe ich mir vorgenommen, eben nur diese 20 Prozent einzufüllen. Es ist wichtig, den Teilnehmern Zeit zur Verarbeitung zu geben, das merke ich immer wieder, und sie sind dafür dankbar. Es ist bisher noch keiner gekommen, der nach einen Tag medialer Arbeit den inneren Freiraum hatte, um gleich am nächsten weiterzuarbeiten. Die Teilnehmer sind inhaltlich gefordert und lernen das Handwerkszeug zur medialen Arbeit, doch genauso werden sie in ihren persönlichen Themen angeregt, gefordert und gefördert. Es sind sehr intensive Erfahrungen. Ich weise immer wieder darauf hin, dass die Ausbildung nicht nur am Seminartag stattfinden. Sie läuft im Alltagsleben weiter und ist somit eine Ausbildung über 365 Tage.

Eines der überraschendsten Erlebnisse hatte ich selbst in der Vorbereitung auf einen Ausbildungstag. Natürlich konzipiere ich die Seminartage inhaltlich vorab. Doch auch wenn ich ganz weltlich gesehen ein Konzept habe und einen Fundus, aus dem ich schöpfen kann, stelle ich vorher eine Verbindung zu meinem Kanal her. Ich frage, was ich beim nächsten Seminartag unterrichten soll. Einmal bekam ich als Antwort einen einzigen Satz. Ich fragte weiter, doch es blieb bei diesem Satz und es kamen keine weiteren Informationen. Ich fragte mich, wie ich mit einem einzigen Satz einen kompletten Seminartag füllen sollte. In dieser Situation verließ ich mich auf meinen Sicherheitsanker, das Konzept, das ich vorbereitet hatte. Doch am nächsten Tag lernte ich, dass es möglich ist, einen ganzen Tag mit einem Satz zu gestalten. Am Anfang des Seminartages startete ich mit genau diesem Satz, den ich bekommen hatte, und daraus entstand ein ganz eigener Fluss. Dieser eine Satz war wie ein Ball. Er kam auf das Spielfeld, die Teilnehmer nahmen den Satz auf und spielten ihn sich zu. Immer wenn ich eine weitere Information brauchte, war diese Information im gleichen Moment da. Sie war mir nicht im Vorhinein gegeben worden, sondern kam von Moment zu Moment. Am Ende fragte ich die Teilnehmer: »Wie habt ihr den Tag erlebt?« Ich bekam positives Feedback und erzählte ihnen, dass ich in der Vorbereitung nur diesen einen Anfangssatz über meinen Kanal bekommen hatte. Dieser eine Satz hatte den Ball ins Spielfeld gebracht und dadurch entstand erst das Spiel. So hatten die Teilnehmer das Gefühl, dass sie auch zum Zuge kommen konnten und dass nicht nur ich den

131

Faden in der Hand hatte, an dem ich die Gruppe sonst entlang führte. Es war für mich schön zu sehen, dass ich in dieses Vertrauen gehen konnte und mich mit einem Nichts von einem Satz in einen Seminartag gewagt hatte. Ich erfuhr, dass mein Fundus in meinem Inneren ausreichte und ich während des Tages weitere Informationen bekam. Ich erlebte außerdem, wie lohnend es sein kann, die Themen spontan auf dem Spielfeld entstehen zu lassen.

Es gibt spirituelle Praktiken, die mit manipulativen Kräften arbeiten. Ich selbst tue das nicht und habe ganz selten seltsame, negative oder manipulative Informationen empfangen. Es fühlte sich an wie ein Haar in der Suppe und ist in all den Jahren meiner medialen Arbeit vielleicht zwei bis dreimal vorgekommen. Dennoch ist es immer wieder wichtig zu schauen, mit welcher Quelle ich verbunden bin. Bei Informationen, die keinen wohlwollenden Charakter haben, würde ich den Informationsfluss an der Stelle sofort kappen. Wenn es in einer Sitzung mit einem Klienten passiert, würde ich diese beenden. Deshalb finde ich es wichtig, auch meinen Ausbildungsteilnehmern mitzugeben, in der medialen Arbeit klar und geerdet zu bleiben.

Während der Ausbildung versuche ich, alle medialen Möglichkeiten aufzuzeigen, um meinen Schülern ein größtmögliches Standing zu geben. Ich achte natürlich darauf, welche Art von Informationen sie über ihren medialen Kanal bekommen und halte sie an, ihren Verstand nicht auszuschalten. Ich schaffe ein

Bewusstsein dafür, dass sie immer auf eine positive Art in der Anbindung an ihren Kanal sind und erst dann anfangen, Botschaften zu empfangen. Dabei gilt wieder mein Motto »zum höchsten Wohle aller«. Jeder Teilnehmer ist verantwortlich für die Quelle und die Bewusstheit innerhalb der medialen Arbeit. Ich weise auf den Aspekt hin, dass auch einmal ungebetene, nicht wohlwollende Botschaften über ihren Kanal kommen können und was zu tun ist. Es ist wichtig, wachsam zu bleiben und dies überhaupt zu bemerken. Ich leite sie an, wie sie diese Erfahrung durch eine kleine Eigenübung direkt wieder beheben können. Doch ich halte meine Schüler auch an, in einem solchen Moment die Stärke zu besitzen, eine Sitzung mit einem Klienten zu beenden. Sie haben die Verantwortung für die Qualität ihrer Arbeit und wenn sie nicht gewährleisten können, dass ihre Arbeit dem höchsten Wohle aller dient, geht es nicht. Auch wenn diese Situationen nur selten vorkommen und es innerhalb der Ausbildung noch nicht passiert ist, müssen meine Schüler damit umgehen können.

In der Ausbildung wird auch oft die Frage nach dem Vertrauen in die Medialität gestellt. Eine hundertprozentige Sicherheit für die Informationen gibt es nicht. Dennoch findet sich ein sehr hohes Maß von dem, was ich über meinen Kanal bekomme, in der Realität wieder. Diese Erfahrung und dass die Medialität dem Wohle der Menschen dient, nenne ich gerne die beiden Treppengeländer meiner Arbeit, die ich auch in der Ausbildung vermittle. Es gibt andere spirituelle Berater, die ihre Klienten in höhere Sphären oder auf andere Planeten führen, doch das ist nicht mein Bereich. Ich stehe für das gelebte Leben zur Verfügung. Für mich soll die mediale Arbeit lebens- und realitätsbezogen sein, dem alltäglichen Leben und den menschlichen Beziehungen dienen.

Es geht schließlich auch für die Ausbildungsteilnehmer darum, ihre Kenntnisse und Erfahrungen im Alltagsleben einzubringen. Wie ich bekommen sie manchmal Informationen für andere und Anweisungen, die sie umsetzen müssen. Wenn ich mich damals nicht in meine erste Sitzung mit Roswitha getraut hätte, hätte ich nicht erfahren, dass und wie sich die Informationen in der Realität später gezeigt hatten. Auch die Teilnehmer müssen den Mut zum Handeln entwickeln. Das heißt, sie müssen den Mut haben, entsprechend der Informationen, die sie für sich oder andere bekommen, ins Umsetzen zu gehen - selbst wenn sie im ersten Moment nicht erkennen, welche Bedeutung eine Information für sie oder einen anderen Menschen hat. Nur durch den Mut des Handelns kann das Vertrauen in die mediale Verbindung bestärkt werden und wachsen. Es ist wie eine Freundschaft, die sich nach und nach vertieft. Ich weiß mittlerweile, dass es eine Freundschaft ist, auf die ich immer zurückgreifen kann, die mich immer begleitet und die in wichtigen Momenten von ganz alleine da ist. Die mediale Arbeit ist für mich ein Handwerk, das ich unterrichte. Ich bin aufgefordert worden, Menschen medial auszubilden, doch bin ich weder auserwählt, noch stelle ich mich als Lehrerin über meine Schüler. So präsentiere ich es auch innerhalb der Ausbildung: Medialität ist die Verbindung von einer Gabe und einem Handwerk. Innerhalb der medialen Ausbildung fließen diese beiden ineinander. Ich glaube, dass jeder Mensch diese Gabe in sich trägt. Wie das Schwimmen, Malen oder Radfahren ist diese Fähigkeit in uns angelegt, doch es braucht Handwerkszeug, um die Gabe hervorzubringen und leben zu können. Auch das Schwimmen ist in jedem Menschen veranlagt, doch erst im Schwimmkurs lernen wir, wie wir am besten atmen und die Arme und Beine bewegen. Meine Ansicht ist, dass die mediale Fähigkeit in den Hintergrund getreten ist - in dieser modernen Welt, in der wir heute leben und durch all das, was technisch und wissenschaftlich möglich ist. Doch wir leben in sehr unruhigen Zeiten. Das bemerken wir, wenn wir die Nachrichten ansehen, wie sich die Welt entwickelt, doch genauso, wenn wir die individuellen Leben betrachten. Ich glaube, dass die mediale Fähigkeit wieder zu unserem Lebenspäckchen dazugehören sollte. Mein Anliegen ist, vielen Menschen den Zugang dazu zu ermöglichen. Jeder Mensch hat diese Gabe, sollte sie hervorholen und sie entsprechend seiner Persönlichkeit nutzen. Medialität steht nicht für sich alleine, auch meine Ausbildungteilnehmer bringen ihren Erfahrungshintergrund mit und setzen das erlernte Wissen in ganz unterschiedlichen Kontexten ein.

Neugierde & Wachstum
Mediale Persönlichkeitsentwicklung

Ich habe die göttliche Quelle gefragt, was ich unternehmen kann, damit mich die Ausbildungsteilnehmer finden. Da war die knappe Antwort: »Sie werden zu dir kommen. Sie werden dich finden.« So ist es auch wirklich gekommen. Im Zuge meiner Arbeit als mediale Ausbilderin erlebe ich auch meine Klienten in Neugierde. Natürlich gibt es Klienten, die nur ihre Themen klären möchten. Doch andere wollen weitergehen und interessieren sich tiefer für die mediale Arbeit, so kommen auch einige langjährige Klienten in meine Ausbildung. Es bestehen jedoch für die Ausbildung keine bestimmten Voraussetzungen - außer einer offenen Haltung und positiver Neugierde sind keine Vorkenntnisse erforderlich. Es gibt Teilnehmer, bei denen schon ganz viel Wissen und Talent vorhanden ist, die sich bereits intensiv mit spirituellen Themen beschäftigt haben. Bei denjenigen steht die Tür ganz weit offen und ich muss sie nur ein bisschen weiter öffnen und ihnen ein paar gute Leitplanken zeigen. Doch es sind ebenso Teilnehmer ohne Vorerfahrung dabei, die noch ganz am Anfang stehen. Richtig in der Ausbildung ist derjenige, der freudig neugierig ist.

Die Teilnehmer bringen ganz unterschiedliche Glaubens-, Berufs- und Erfahrungshintergründe mit. Es ist nicht wichtig, aus welchem Grund derjenige kommt oder was er beruflich macht, um das mediale Wissen und Können zu erfahren. Über den Ansatz der medialen Persönlichkeitsentwicklung erklärt sich, dass diese neue Kompetenz eine Verbindung mit dem bisherigen Lebens- und Erfahrungsweg finden wird. Manche möchten gerne mediale Berater werden, andere machen die Ausbildung nur um der eigenen Erfahrung willen. Ich habe erlebt, dass Menschen innerhalb der Ausbildung in ihrer Persönlichkeit sehr gewachsen sind, viel selbstbewusster und kraftvoller wurden und ihren Mitmenschen heute ganz anders gegenüber stehen. Andere Teilnehmer haben Führungspositionen in Unternehmen und möchten durch die Ausbildung ihren Leitungs- und Führungsstil weiterentwickeln.

Das Ziel der Ausbildung ist deshalb nicht unbedingt die mediale Beratung. Ich stelle mir meine Kursteilnehmer wie Blumen vor, die innerhalb der Ausbildung zu blühen beginnen. Die Menschen wachsen, werden ganz eigene mediale Persönlichkeiten und bringen ihre Fähigkeiten später dort ein, wo sie nützlich sind. Natürlich gibt es am Anfang immer eine Sorge: »Werden wir das jemals können? Werden wir es schaffen, ans Ziel zu kommen?« Doch mein Ansatz ist, dass die Ausbildung nicht auf ein bestimmtes Ziel hinausläuft, sondern dass es lediglich um inneres Wachstum geht - und das können wir alle gar nicht verpassen. Am Ende der Ausbildung ist jeder Teilnehmer dorthin gewachsen, wohin er wachsen konnte - mit all dem Nährboden, der ihm gegeben ist: im Hinblick auf seine

Persönlichkeit, sein Umfeld und seinen Erfahrungsschatz. Die mediale Ausbildung steht nicht wie eine einzelne Säule im Leben des Teilnehmers. Es ist ein Handwerk, das sich mit allem, was schon vorhanden ist, verbindet. Nach der Ausbildung schaue ich gemeinsam mit den Teilnehmern: Was ist der individuelle Weg, den jeder mit der Medialität gehen wird?

Teilnehmer, die bereits eine andere Heilmethode gelernt haben, z. B. mit Kräutern, werden ihre mediale Fähigkeit damit in Verbindung bringen. Künstlerisch veranlagte Menschen können über den medialen Kanal Verbindung zu ihrer Kreativität aufnehmen und ihre künstlerische Arbeit neu ausrichten. Ein Dritter ist IT-Berater und wird in seinem Job mehr Einfluss nehmen können, weil über seine Medialität Erkenntnisse und Inspirationen kommen. Wieder ein anderer ist Geschäftsführer eines Unternehmens. Hier kann die Medialität dazu dienen, die Firma und die Mitarbeiter besser zu führen oder den Betrieb neu aufzustellen und herauszufinden, welche Geschäftsbereiche weitergeführt, welche geschlossen werden sollen und wie neue Kunden akquiriert werden können.

Andere Teilnehmer sind selbstständig oder in beratenden Berufen tätig und schauen über ihren medialen Kanal auf ihre Kunden oder Klienten. Bei einer Existenzgründungsberaterin kann es sein, dass über ihren medialen Kanal im Vorfeld eine Information für den jeweiligen Kunden kommt, z. B. dass es schwierig wird, sich selbstständig zu machen oder dass derjenige erst einmal die Aufgabe hat, sich um seine Gesundheit zu kümmern. So kann die Beratung gleich in eine andere Richtung gelenkt werden. Ein anderer ist vielleicht systemischer Coach und wird zukünftig seine Aufstellungen neu gestalten können, da zusätzlich Informationen über den medialen Kanal kommen werden. Eine Projektleiterin kann über ihren medialen Kanal erfahren, wie sich z. B. ein Projekt oder das Ziel eines Projektes besser in ein Unternehmen einfügt, welche Inhalte weggelassen oder hinzugefügt werden sollen. Sie bekommt Informationen, welche Mitarbeiter sie für dieses Projekt mit ins Boot holen soll. Es kann sein, dass das Projekt ins Stocken gerät, dann hat sie die Möglichkeit auf ihren Kanal zurückzugreifen und zu fragen: »Was muss ich tun, damit es weitergeht?« Sie kann über ihre Medialität ein Verständnis dafür bekommen, warum es gerade nicht vorangeht. Vielleicht bekommt sie die Information, dass es noch nicht Zeit ist. So bekommen die Teilnehmer auf jede weltliche Frage eine Antwort. Sie können zu jedem Thema ganz offen ihren Kanal nach Informationen befragen: »Was muss ich dazu wissen?«

Innerhalb meiner Ausbildung hatte ich einen Unternehmer, der aus einer Erschöpfungsphase heraus über Veränderungen in seinem Unternehmen nachdachte. Er konnte über seinen medialen Kanal gesundheitliche Themen klären: »Was ist wichtig für meine eigene Gesundheit?« »Soll ich wieder so einsteigen wie vorher?« »Was ist das Zermürbende gewesen, dass ich überhaupt so ausgebrannt geworden bin?« Hier ging es darum, einen großen gut zahlenden Kunden abzugeben und in viele kleine Kundenfelder umzuwandeln.

Gesundheitliche und partnerschaftliche Schwierigkeiten sind auch immer wieder Themen, die sich innerhalb der Ausbildung im persönlichen Leben der Kandidaten zeigen. Manche Ausbildungsteilnehmer wollen sich beruflich verändern. Andere denken, sie haben ein berufliches Thema, doch ihr blinder Fleck liegt im Privatleben. Sie suchen, haben bereits eine Spur, schauen jedoch im falschen Feld. Die Ausbildungteilnehmer erlangen die Fähigkeit, mit einem höheren Wissen in Kontakt zu treten und können dieses Wissen, wenn sie die Ausbildung durchlaufen haben, in allen Bereichen ihres Lebens nutzen. Die eigene Medialität steht ihnen immer zur Verfügung. Sie bleibt ihnen erhalten - wie das Schwimmen können sie es nicht wieder verlernen. Ich erlebe bei allen, dass dieses Wissen jetzt ein fester Bestandteil ihres Lebens geworden ist, den sie nicht mehr missen möchten. Wenn wir einmal gelernt haben, in dieser Anbindung zu sein, bleibt sie ein Leben lang bestehen. Das Ergebnis der Ausbildung muss nicht eine weitere mediale Beratungspraxis sein, es kann genauso Meeting im Business oder Medialität im Alltag heißen.

Die Arbeit als mediale Ausbilderin ist erfüllend und ich bin voller Dankbarkeit. Gleichzeitig ist es auch für mich energetisch fordernd. Die mediale Arbeit besteht nicht nur daraus, Informationen zu bekommen und diese auszusprechen. Im Vergleich zu meinen früheren Tätigkeiten ist eine Stunde medialer Sitzung ebenso anstrengend wie ein halber Tag Arbeit. Als mediale Beraterin halte ich die Energie hoch, muss konzentriert und sehr genau sein und auf mein Gegenüber eingehen. Ein Seminartag innerhalb der medialen Ausbildung ist demnach nochmal fordernder.

Die Ausbildungsteilnehmer über eine längere Zeit zu begleiten, erfüllt mich mit Stolz. Ich bin selbst oft erstaunt, wohin sie sich entwickeln. Sie alle sind zu schönen Blumen aufgegangen, strecken ihre Blätter aus und zeigen ihre Blüten. Es erfüllt mich mit tiefer Freude und Dankbarkeit, dass sie sowohl der göttlichen Quelle als auch mir dieses unglaubliche Vertrauen entgegen bringen. Die gemeinsame Arbeit an Ängsten und Blockaden ist nicht immer leicht, oft fließen Tränen. Manchmal sind Blockaden dabei, die hartnäckiger Natur sind und sich nicht von einer schönen Seite zeigen. Doch auch damit gehen wir gemeinsam innerhalb der Ausbildung um.

Bei einer Teilnehmerin haben sich viele Blockaden gezeigt, doch wenn ich ihr heute begegne, ist sie in einer ganz anderen Energie. Sie hat sich diesen Zustand hart erarbeitet und ich ziehe den Hut davor, dass sie konsequent dabei geblieben ist. Jede Blockade hat sie angenommen und aufgelöst. Ich freue mich für sie, dass sie ganz anders im Leben steht, nach außen blüht und eine innere Ruhe ausstrahlt. Heute dürfen für sie neue Erfahrungen und Blockaden einfach kommen und immer neue Stufen erreicht werden.

Diese Teilnehmerin hat die Informationen, die sie über ihren medialen Kanal bekommen hat, sehr mutig umgesetzt. Sie wurde über ihre Medialität aufgefordert, in einer anderen Familie zu helfen, zwischen zwei Menschen einen Kontakt herzustellen und zu vermitteln, damit etwas aufgearbeitet werden konnte und eine Beziehung auf neue Weise möglich wurde. Natürlich gab es für sie die üblichen unsicheren Momente: »Was mache ich jetzt mit der Information? Spinne ich? Was soll ich tun?« Denn eine der schwierigsten Herausforderungen in der medialen Arbeit ist es, wenn wir aufgefordert werden, zu einem anderen Menschen zu gehen und ihn auf ein bestimmtes Thema anzusprechen. Im weltlichen Sinne kommen wir vom anderen Stern, denn der andere hat uns nicht gefragt, nicht um Rat oder Hilfe gebeten und keinen Auftrag erteilt. Dann ist unsere Aufgabe, es geschickt einzufädeln, um die mediale Botschaft in die weltliche Ebene zu bringen. Doch ich habe die Teilnehmerin ermutigt und ihr zuletzt einen liebevollen Tritt in den Hintern gegeben. Denn ich kann nur dreimal freundlich ermutigen, beim vierten Mal muss ich meinen Ausbildungsteilnehmern sagen: »Pass auf: Wenn du es jetzt nicht machst, werden wir es nie erfahren.« Schließlich kam meine Teilnehmerin freudestrahlend durch die Tür und hatte die Aufgabe gemeistert. Manche meiner Ausbildungsteilnehmer stehen mittlerweile kurz davor, als mediale Berater zu arbeiten. Sie haben bereits einige Zeit im geschützten Rahmen innerhalb der Gruppe miteinander geübt, das ist die erste Stufe, damit sie noch mehr Sicherheit bekommen. Mittlerweile gehen sie einige Schritte nach außen. Diese Teilnehmer stehen dort, wo ich vor vielen Jahren stand. Was habe ich seitdem alles gelernt? Wie hat sich mein medialer Weg entwickelt? Nach der vierstufigen Reiki-Ausbildung bis hin zur Reiki-Lehrerin habe ich Ausbildungen zum spirituellen Lebensberater und in Engel-Arbeit absolviert. Es gab meine Yoga-Ausbildungen, eine internationale Lizenz im Vinyasa Yoga sowie Yoga-Coaching, und die Ausbildungen in systemischer Aufstellungsarbeit und im Channeling. All das ist in meine Arbeit als mediale Beraterin eingeflossen. Am Anfang meiner spirituellen Entwicklung habe ich noch mit den Reiki-Positionen oder mit dem Reiki-Symbol gearbeitet. Auch heute wende ich diese klassische Art im Sinne der heilenden Arbeit mit den Händen durch Energieflüsse noch manchmal an. Doch mittlerweile ist meine eigene Arbeit mehr zu einem freien Heilen geworden. Wenn ich z. B. für jemanden im Hinblick auf die Verbesserung seiner Lebens- oder Gesundheitssituation Informationen abfrage, bekomme ich einen Satz, eine Art heilende Affirmation. Ich bringe demjenigen bei, wie er mit einer Wortmeditation arbeiten kann. Da schöpfe ich entweder aus meinem Wissen als Yoga- und Meditationslehrerin oder ich bekomme die Anleitung über meinen medialen Kanal.

Seit einiger Zeit biete ich Lichtmeditationen an, ein freies Channeling in einer Gruppe, das ich anleite. Es ist jeweils ein Unikat, das genau in dem Moment entsteht und speziell auf die Menschen zugeschnitten ist, die im Raum sind. Die Meditation bezieht sich auf die Energiestruktur, auf die Aura, die Körper, die persönlichen Themen der Anwesenden. Es ist wie die Arbeit an einem Gemälde, für das ich die Farben mische. Alle Farbnuancen sind auf die Menschen abgestimmt, die im Raum sind.

Für manche Menschen bekomme ich Heilmeditationen, das heißt, die Information, welche Meditation von welchem spirituellen Lehrer denjenigen unterstützt. Ich werde als nächstes ausprobieren, spontane Heilmeditationen für Menschen in ihrer ganz speziellen Lebenssituation zu entwickeln. Das heißt, ich frage die Meditation ab, die genau auf den Menschen zugeschnitten ist - wie ein Maßanzug. Auch mein Raum und mein Wissen wird immer wieder erneuert, mit jeder medialen Sitzung erweitert sich mein Horizont. Es kommen Informationen, die auch für mich überraschend sind und es werden Zusammenhänge deutlich, die ich durch das Channeln der Botschaften ebenfalls verstehe. Es ist, als lernten meine Klienten eine Fremdsprache und durch die mediale Übersetzungsarbeit lerne ich sie auch.

Die glückliche Stunde
Selbstchanneling

Der eigentliche Grund für meine eigene Channelingausbildung damals bei Regina war, dass ich dachte: Wenn ich das kann, weiß ich immer über mich selbst Bescheid und habe mein Leben an jeder Stelle unter Kontrolle. Doch das ist nur bedingt der Fall. Heute bin ich (meistens) froh darüber. Ich glaube, wenn wir an jedem Punkt wüssten, was richtig und was falsch ist und einfach nur geradeaus durchmarschierten, wäre unser Leben viel weniger reich und interessant.

Dennoch steht mir der mediale Zugang jederzeit für mich selbst zur Verfügung und »die andere Seite« macht mir genauso Mitteilungen. Das Selbstchanneling ist eine spannende Angelegenheit. Ich habe morgens zwei freie Stunden, die ich meiner Spiritualität widme. Ich meditiere, manchmal mache ich Yogaübungen und vor allem channele ich für mich selbst. Ich nenne es »meine glückliche Stunde«. Der Begriff für diese eigene Zeit am Morgen ist mir ebenfalls gegeben worden und ich finde ihn sehr schön. Im Selbstchanneling verbinde ich mich mit meinem Kanal und schreibe die Informationen herunter. Manchmal schreibe ich seitenweise, manchmal sind es nur nur wenige Zeilen.

Wenn ich bestimmte Themen habe, stelle ich meine Fragen »nach oben« - wie ich es gerne scherzhaft bezeichne. Manchmal sind die Antworten sehr allgemeiner Natur. Wenn ich etwas bekomme wie: »Bleib einfach entspannt. Sei nicht traurig, wenn es nicht so läuft, wie du es dir vorstellst. Die Türen werden sich zum richtigen Zeitpunkt öffnen.« Dann sitze ich »unten«, ärgere mich und denke: Darauf hätte ich auch ohne das Channeling kommen können. Das sind die weniger erbaulichen Momente. Manchmal habe ich keine Fragen und hole ab, was für mich »auf der anderen Seite« bereit steht. Es ist natürlich auch sehr spannend, was unerwartet kommt. Die Antworten sind unterschiedlichster Couleur und enthalten nicht immer etwas, das ich mir wünsche. Es ist meine Aufgabe damit umzugehen, wie z. B. damals, als ich die Aufforderung bekam zu meinen Schwiegereltern zu fahren und zwischen meinem sterbenden Schwiegervater und seiner Frau eine Verbindung herzustellen.

Im Selbstchanneling bekomme ich häufig ganz konkrete Angaben. Als ich noch als Yogalehrerin arbeitete, habe ich mich einmal bei einem Studio beworben. Im vorbereitenden Channeling für das Bewerbungsgespräch bekam ich die Information, welchen Stundenlohn ich nennen sollte. Dieser Stundensatz wich sehr stark von dem ab, den ich vorher genommen hatte: Er war viel höher. Natürlich kam im Vorstellungsgespräch irgendwann die Frage: »Was haben Sie sich vorgestellt, für Ihre Stunden zu nehmen?« In dem Moment hatte ich den Mut, den Preis zu nennen, den ich zuvor bekommen hatte. Er wurde dankend angenommen. Das fand ich sehr hilfreich, denn es wäre doch schade gewesen, wenn ich meine Yogastunden zu einem niedrigeren Preis verkauft hätte. Außerdem bekam ich vorab Informationen zu der Person, die mit mir das Gespräch führte. Es ist oft so, dass ich über Menschen, die ich noch nicht kenne und treffen werde, wertvolle Aussagen erhalte - in einem liebenswerten Sinne, z. B. ob jemand eher streng, offen oder modern ist. Oder ich bekomme die Information: »Geh erst einmal in das Gespräch und schaffe eine Vertrauensbasis.«

Doch es ist keine einseitige Angelegenheit, bei der nur ich bestimmen kann, wann die Informationen kommen. Ich habe schon einige Male erlebt, dass die Mitteilungen zu Zeitpunkten kommen, die mir nicht gefallen. Auch meine Ausbildungsinhalte bekomme ich auf diesem Weg. Das können komplette Texte oder erklärende Bilder sein. So habe ich umfangreiche Ausbildungsinhalte über die Mittagszeit bekommen, wenn ich mich lieber hingelegt hätte. Eine Zeit lang habe ich versucht, das zu ignorieren, doch es ist wie jemand, der unaufhörlich an eine Tür klopft. Manchmal kommen die Informationen um ein Uhr nachts oder um fünf Uhr morgens. Nach jahrelanger Erfahrung weiß ich, dass ich mich nicht dagegen sträuben kann. Ich werde wach und merke, es kommt ein Strom von Erkenntnissen. Auch wenn ich lieber weiterschlafen will, weiß ich, dass es nichts bringt, da ich mich nur hin- und herwälzen und das Klopfen weiter hören würde. Deshalb habe ich mir angewöhnt

147

aufzustehen und alles aufzuschreiben, was auch immer da kommen mag.

Inzwischen habe ich mich darauf eingestellt, dass der schnellere Weg zu meiner Ruhe darüber führt, dass ich die Informationen herunter schreibe. Ich kümmere mich in dem Moment nicht um die Inhalte, ob es etwas ganz Wichtiges ist oder nicht. Wenn ich alles notiert habe, endet der Strom. Oft wird er durch bestimmte Wörter beendet. Manchmal lese ich den Text direkt danach, manchmal lege ich ihn weg und lese ihn erst später oder am nächsten Tag. Nicht alles verstehe ich, während ich es herunter schreibe. Im Nachhinein erkenne ich oft etwas Neues in meinen Texten. Wenn ich in diesem Channelstrom bin, bin ich in einer anderen Schwingungsfrequenz - ähnlich einer Trance. Es gibt mediale Berater, die sich für jedes Channeling in Trance versetzen. Doch ich bin ein Medium, das im Wachbewusstsein arbeitet und so unterrichte ich es auch in meiner Ausbildung.

Die mediale Verbindung funktioniert wie eine Zweierbeziehung. Es gibt die Informationen, die ich bewusst abrufe und die Mitteilungen, die mir sozusagen dazwischen funken, wenn die andere Seite spricht. Nicht nur ich darf etwas fragen und mich melden, wenn es mir passt. Und das respektiere ich. Weltlich gesehen, gefällt mir das vielleicht oftmals nicht, dennoch ist diese Gegenseitigkeit eine wichtige Komponente. Auch »die andere Seite« hat das Recht, mit mir in Kontakt zu kommen. Es gibt längere Ströme, doch es gibt auch kurze hellsichtige Momente im Alltag. Ich habe immer ein Notizbuch in meiner Tasche, in das ich die Informationen notiere. Ich erlebe immer wieder, dass ich Informationen im Kurzformat übermittelt bekomme, die ich nicht zuordnen kann. Manchmal ist es nur ein Satz oder ein Bild, nicht immer wird mir gezeigt, worauf es sich bezieht. Doch es erklärt sich in den nächsten Tagen. Vielleicht kommt ein Klient, für den ich genau dieses Bild brauche oder ich treffe eine Freundin, für die genau dieser Satz passt. Inzwischen kann ich es ganz gelassen nehmen, wenn keine Erklärung mitgeliefert wird, denn es wird sich zeigen, wofür eine Information mir im Nachhinein nützlich sein wird.

Die Inhalte der Channelings, Ströme und hellsichtigen Momente beziehen sich auf meine Alltagswelt. Einmal war ich in einer Phase, in der ich mich nicht sehr durchsetzungsstark fühlte. Da bekam ich ganz konkrete Unterstützung: ein Bild, das mir Zusammenhänge zeigte, eine kleine Meditation, mit welcher Energie ich mich verbinden konnte, um mehr Durchsetzungskraft zu bekommen. Ich frage nach alltägliche Dingen, z. B. wann ich losfahren muss, um pünktlich bei einem Kurs anzukommen und wo ich schnell einen Parkplatz finde. Es gibt spirituelle Berater, die diese Alltagsmedialität ablehnen. Ich sehe das ganz pragmatisch und stelle fest, dass ich auch im Hinblick auf die Banalitäten des alltäglichen Lebens Antwort und Hilfe bekomme.

Natürlich geht es auch bei mir um Beziehungsthemen. Wenn eine freundschaftliche Verbindung ins Strudeln geraten ist, kann ich fragen: »Wie soll ich damit umgehen? Soll ich ein offenes Gespräch führen? Um welches Thema geht es überhaupt?« Oft gibt es in einer Auseinandersetzung ein unterschwelliges Thema, das hinter dem offensichtlichen verborgen ist. Auch das wird mir gezeigt, z. B. mit dem Hinweis »das Können des Anderen wertzuschätzen.« Ich bekomme ganz deutliche Antworten in diesen Situationen: »Halte dich an nichts auf.« Oder: »Lass den Kontakt ruhen.« Oder: »Es ist noch nicht der richtige Zeitpunkt.« Oder ich soll ins Gespräch gehen, um Verständigung miteinander zu finden. Dann mache ich ein Selbstchanneling und frage, wie ich mich verhalten soll. Verständigung heißt für mich zu schauen, wie man wieder zueinander finden kann. Bevor ich in ein Gespräch gehe, schaue ich, ob Empfehlungen kommen. Ich frage in eine positive Richtung: »Was kann ich tun, um dem Ganzen wieder Wertigkeit zu geben?« Und ich frage ganz pragmatisch: »Vor was muss ich mich schützen? Wo muss ich aufpassen?« Manchmal frage ich, ob ich wissen darf, wie es ausgeht. In die Zukunft zu schauen, ist natürlich sehr spannend.

Es gibt mediale Berater, die eine bestimmte Energieform channeln: Sie empfangen Botschaften von Engeln, Jesus Christus oder der heiligen Maria. Das interessiert mich persönlich nicht. Auch der Begriff »geistige Welt« hat für mich einen zu mystischen Ton. Dem anderen Ende meiner Leitung muss ich jedoch keinen konkreten Namen geben. Diese Begrifflichkeiten sind nichts für mich. Ich habe eine Gefühl für meine Quelle, diese Bezeichnung ist mir heute am liebsten. Manchmal nenne ich sie liebevoll »die Götter«, denn ich habe eher das Gefühl, dass es ein Team ist. Wichtig ist mir nur, dass mir die Informationen zum Wohle der anderen und zu meinem eigenen Wohl gegeben werden. Das Wohlgesonnene steht im Vordergrund, das, was meine Klienten als »positiv begleitet« bezeichnen. Die Quelle, mit der ich in Verbindung stehe, ist eine gute. Die Güte, die mit den Informationen einhergeht, ist immer gleich. Das erspüre ich mit dem Energiefluss, der die Informationen trägt. Wenn ich ein Bild sehe oder einen Satz höre, spüre ich die wohlwollende Qualität dieser Energie. Ich erkenne den Strom, mit dem ich verbunden bin. Dieser Quelle möchte ich dienen und damit dem dem Wohl meiner Klienten und meinem eigenen Wohl. Im Rahmen dessen darf es liebevolle und unangenehme Ansagen geben. Es darf alles kommen, doch der Grundtenor der Güte muss bestehen. Am Ende muss sich herausstellen, dass die Information hilfreich war. Manchmal muss das über eine Ansage sein. Wenn ich feststellen würde, dass meine Quelle das Wohlwollen verloren hätte, würde ich mich entweder darum bemühen zu ergründen, warum ich diese wohlwollende Quelle verloren habe und ob ich dahin wieder zurückfinden kann oder ich würde die Arbeit beenden. Alles, was nicht dem

151

Wohle der Menschen dient, würde für mich sozusagen »die Kündigung« bedeuten. Da würde ich eine ganz weltliche Entscheidung treffen.

Es gab eine Zeit in meinem Leben, in der ich von mir aus den medialen Zugang geschlossen habe. Nach meinen Blutdruckkrisen war ich gesundheitlich in keinem guten Zustand. Ich bezeichne es für mich als Nahtoderlebnis. Ob ich wirklich gestorben wäre, weiß ich nicht, dazu bekomme ich über meinen Kanal ein ‚Nein'. Doch ich fühlte mich in dieser Zeit, als würde ich mich an einer Grenze befinden. Daran mache ich es für mich fest. Ich hatte noch lange den Eindruck, mein Leben ginge nicht weiter, ich war jeden Tag »am Ende von etwas«. Ich kenne Legenden von alten Yogis, die sich unter einen Baum setzen, ausatmeten und so auf die andere Seite hinüber gingen. Durch mein eigenes Erlebnis glaube ich, dass das möglich ist. Seitdem glaube ich außerdem, dass es verschiedene Ausstiegsmöglichkeiten aus unserem Leben gibt. Es gibt nicht nur einen Zeitpunkt, wenn wir alt sind und ganz am Ende stehen. Ich glaube, manchmal kommen wir schon vorher an Punkte, an denen wir aussteigen können, ohne damit Suizid zu meinen. Ich glaube, dass wir über den Ausstieg aus dem Leben mit der anderen Seite verhandeln können.

Damals habe ich wirklich gesagt: »Ich möchte nichts mehr mit der Medialität zu tun haben.« In dieser Nacht, in der das stattfand, hatte ich sozusagen alle Ebenen am Start. Danach wollte ich einfach nichts mehr von der anderen Seite sehen, hören und wahrnehmen. Ich hatte das Licht auf mich zukommen und den Tod im Raum stehen sehen und war psychisch überfordert mit diesen Ebenen. Andererseits war es wichtig für mich zu erleben, dass diese Fähigkeit auch eine Belastung und nur bedingt eine Hilfe sein kann. Ich musste das, was ich gesehen und erlebt hatte, erst einmal für mich verarbeiten. Dieser Zustand hat drei Monate angehalten. Damals habe ich gelernt, dass es eine zweiseitige Verbindung ist, dass die andere Seite mich respektiert, mein Menschsein beachtet und geachtet wird und ich eine Art Mitspracherecht habe. Ich wurde nicht mehr mit Informationen überflutet, es wurde still. Wie gesagt: drei Monate. Doch wann kommt der Moment, in dem sich der Kanal wieder öffnet? Ich werde diesen Augenblick nie vergessen. Ich war mit einer meiner Freundinnen in einem Restaurant. Wir unterhielten uns darüber, wie es ihr gerade ging. Es gab diesen Moment, den ich von vielen Malen vorher kannte, in dem mir der entscheidende Satz für meine Freundin durchgegeben wurde. Es geschah einfach so. Dieser Satz war für meine Freundin sehr wichtig und ich spürte genau hin. Ich konnte klar erkennen, dass es nicht meine Gedanken waren, dass es sich wirklich um eine Information handelte. Wer so lange medial arbeitet wie ich, kann das ganz genau unterscheiden. Dass dieser Satz durchkam und so hilfreich für meine Freundin war, hat mir ermöglicht, die Medialität wieder zuzulassen.

Damit wurde mir erneut die wunderbare Seite dieser Gabe gezeigt. Ich habe es als ein Angebot an mich empfunden - wie ein liebevolles Freundschaftsangebot. Es kam keine Flut von Informationen. Es wurde mir nur dieser eine Satz gegeben, der wie eine wunderschöne Blume für meine Freundin war. Diese Situation hat mich dahin zurückgebracht, die Verbindung wieder aufzunehmen und die Informationen langsam zuzulassen. Nach und nach ist es mehr geworden. Heute ist es eine mehr oder weniger fließende Strömung. Nach diesem Erlebnis wollte ich auch wieder anfangen, medial zu arbeiten, weil es mich an das Eigentliche, das Schöne erinnert hat.

Ich bin froh, dass es diese Zeit gab, in der mein Nein zum Kontakt mit der anderen Seite respektiert wurde. Ich glaube, wenn ich in dem Moment mit meiner Freundin weiterhin Nein gesagt hätte, wäre es dabei geblieben. Ob der Zugang danach für immer verschlossen geblieben wäre, weiß ich nicht. Ich habe von anderen medialen Menschen gehört, die irgendwann ganz aufgehört haben. An dem Punkt befinde ich mich (noch) nicht. Dennoch ist es für mich eine hilfreiche Aussicht, dass ich aufhören könnte, falls ich keine Lust mehr habe, es mir zu viel wird oder was auch immer geschehen mag. Doch ich bin dankbar dafür, dass meine mediale Arbeit mit dem Satz für meine Freundin noch einmal zurück in die Blüte geführt wurde. Denn der Wunsch, Menschen mit dieser Gabe zu helfen, ist tief in mir verankert. Meine Freundinnen sagen immer: »Das alles ist deins.« Das kann ich bestätigen. Die mediale Arbeit ist das, was mir die größte Freude macht und mit dem ich mich am meisten identifiziere. Die Menschen, die zu mir in die Sitzungen, Workshops, Ausbildungen und Meditationen kommen, lassen sich gerne auf mich ein und fassen schnell Vertrauen zu mir. Ich habe eine Klientin gefragt: »Warum wollen Sie sich auf ihr tiefstes Thema mit mir einlassen?« Ihre Rückmeldung war, dass sie mir eine tiefe Lebenserfahrung zutraut. Das ist ein durchgängiges Motiv in meinem Leben.

Von Medium zu Medium
Medialität im Alltag

Mein Interesse an spirituellen Themen und medialen Beratungen ist über die Jahre gewachsen. Meine erste Begegnung mit einem Medium hatte ich in jungen Jahren mit Frau Buchela. Später bin ich zu einer Kartenlegerin gegangen. Es gab immer diese Neugier, getrieben von der Frage, ob es wirklich funktionieren kann, ob es eine Berechtigung dafür gibt, eine Existenz auf der anderen Seite. Und natürlich ging es immer um die Beantwortung meiner eigenen Lebensfragen. Zu meiner Ausbilderin Regina ging ich, weil ich wissen wollte, wie es beruflich für mich weitergehen würde. Zudem lebte meine damals Mutter noch. Ich wusste nie, was ich zu erwarten hatte, und ich fragte Regina nach der gesundheitlichen Entwicklung meiner Mutter. Nach dem Ende meiner ersten Ehe stellte ich Regina natürlich auch die Frage, ob und wann ich wieder einen neuen Partner finden würde und was das für einer sein würde.

Regina hatte mir vorausgesagt, ich würde wieder einen Mann haben. Sie sagte, sie sehe mich Hand in Hand mit ihm im Sonnenschein am Strand entlang spazieren. Außerdem sah sie diesen Mann an einem Schreibtisch mit hohen Bergen von Papier rechts und links neben sich - wie bei einem Steuerberater oder einem Notar. Und sie hat mir vorausgesagt, wir würden zwei Häuser haben und mal in dem einen, mal in dem anderen wohnen. Ich bin nach Hause gegangen und habe meinen Freundinnen davon erzählt: »Ich kriege einen Steuerberater oder einen Notar!« Wir gingen natürlich erst einmal alle durch, die wir kannten, die in diese Kategorie fielen. Doch ich dachte: Ein Notar, oje, das sind immer die Jungs gewesen, mit denen früher niemand ausgehen wollte! Ich hatte eine Vorstellung von einem verstaubten Menschen - alle Notare mögen mir das vergeben! - und dachte, das passt auf keinen Fall zu mir. Was davon ist Realität geworden? Nach Reginas Bildern vom Strandspaziergang nahm ich an, ich würde meinen neuen Partner im Sommerurlaub kennen lernen. Doch meinen Mann lernte ich tatsächlich im Winterurlaub kennen (auch dort gab es Sonne und Strand). Auch wenn es kein Notar wurde, passte das Bild vom Schreibtisch mit dem Beruf meines Mannes zusammen, die hohen Papierberge hat er mir im Nachhinein bestätigt. Und wir lebten zum Zeitpunkt unseres Kennenlernens in zwei Häusern. Bis heute lasse ich mich selbst weiterhin medial beraten, das heißt, auch ich habe mein Medium. Ich finde es hilfreich, schwierige Lebenssituationen von außen medial betrachten zu lassen. Vieles kann ich selbst über meinen eigenen Kanal herausfinden, aber an manchen Tagen oder bei manchen Themen geht es nicht, z. B. wenn ich an eigene Herzblockaden oder Traumata stoße. Seit Langem habe ich eine sehr gute Freundin, Veronika, in die ich großes Vertrauen habe. Wir sind uns gegenseitig Medium.

Veronika wurde mir empfohlen und ich nahm vor vielen Jahren eine Sitzung bei ihr. Mit ihr hat es mir von Anfang an gut gefallen, weil ich sie als seriös wahrnahm und wir gleich eine Sympathieebene hatten. Was sie für mich channelte, fand sich in der Realität wieder. Ich ging einige Male zu ihr und darüber entwickelte sich eine Freundschaft. Auch sie selbst hatte Fragen, und so kam unsere gemeinsame Arbeit ins Rollen. Selbstverständlich nimmt niemand eine mediale Sitzung, um zu wissen, was er am nächsten Tag kochen soll. Es sind immer Themen, die uns innerlich stark bewegen. Dadurch entsteht eine tiefe Vertrauensebene, wie sie auch zwischen meinen Klienten und mir entsteht. Der Weg zu einer Freundschaft ist nicht mehr weit entfernt.

Veronika war die bereits erwähnte Freundin, die mir zur Seite stand, als ich mit meinen Blutdruckkrisen im Krankenhaus war und der Arzt die Diagnose Leberkrebs andeutete. Damals rief ich Veronika sofort an und muss ihr für ihre Reaktion und ihre Arbeit ein großes Kompliment aussprechen. Denn wenn eine Freundin mit einer solchen Frage kommt, ist es auch auf der persönlichen Ebene eine Herausforderung. Veronika konnte nicht wissen, was sie als Antwort bekommen würde. Weil sie sah, dass es eben kein Leberkrebs war, fiel es ihr vielleicht leichter, als wenn es anders gekommen wäre. Wir beide wissen nicht, wie betroffen sie gewesen wäre, wenn sich die Diagnose bestätigt hätte. Meine eigene Intuition hatte mir zwar gesagt, dass der Arzt sich irrte, doch ich war in meiner Angst gefangen und in einem psychischen Ausnahmezustand. Nach diesem Erlebnis war mein Vertrauen in meine eigene Intuition gestärkt. Wenn ich heute noch einmal in einer ähnlichen Situation wäre und diese Information aus meinem eigenen Inneren entstehen oder ich sie über meinen Kanal bekommen würde, würde ich inzwischen mehr darauf vertrauen. Doch damals war es meine erste Lernstufe. Ich erlebte mich selbst in einem emotionalen Schockzustand und erfuhr, wie wohltuend es war, dass ich Veronika anrufen und auf sie als Mensch und Medium zählen konnte. Ich konnte mich voll auf ihre medialen Fähigkeiten verlassen. In diesem Moment brauchte ich jemanden, der genau wusste, was er medial empfing. Veronika beschäftigt sich seit sehr vielen Jahren mit Medialität und ich habe großes Vertrauen zu ihr. Wenn sie heute Informationen für mich bekommt, kann ich manches sehr gut annehmen, manches auch nicht. Doch durchweg ist sie mir eine große Hilfe.

Veronika und ich telefonieren sehr häufig miteinander und begleiten uns im Alltag. Wenn eine von uns beiden eine Frage hat, heißt es: »Kannst du mal eben deinen Kanal aufmachen?« Für die Arbeit an diesem Buch habe ich mit Veronika über unsere lange mediale, freundschaftliche Beziehung gesprochen. Sie beschrieb es so: »Wenn wir miteinander reden, fließen immer Informationen. Auf deiner Seite, auf meiner Seite, es ist ein komplett medialer Austausch. Zwischen uns ist das Niveau so hoch, dass nichts Überraschendes kommt. Eine stellt eine Frage und die andere erhält die Antwort über ihren Kanal. Es ist auch ganz klar, dass wir uns sagen, wenn wir zu etwas keine Antwort bekommen. Es ist ein freundschaftliches Gespräch, doch die Kanäle sind immer mit eingeschaltet. Durch unseren Austausch, unsere Gespräche und die mediale Arbeit miteinander sind wir an einander gewachsen. Außerdem habe ich in dir eine Freundin, die ich jederzeit anrufen kann, wenn irgendetwas ist. Ich lebe alleine und wenn ich Hilfe brauche, bist du für mich da - und umgekehrt.« Oft lachen wir auch miteinander über die gemeinsamen medialen Erfahrungen und Informationen. Über Veronika bekomme ich häufig die Ansage, dass ich mich gedulden müsse, obwohl ich in vielen Dingen sehr ungeduldig bin. Einmal hatte Veronika eine Frage zu ihrem Umzug und ich bekam die Antwort für sie: »Ach, du musst Geduld haben.« In dem Moment habe ich mich einfach nur gefreut wie ein Rumpelstilzchen. Zwischen uns beiden gibt es keinen Konkurrenzkampf. Es gibt mal gute und mal schlechtere Tage im Empfangen von Informationen. Wenn ich krank bin, habe ich manchmal das Gefühl, als sei auch die mediale Verbindung auf Pause gestellt. Dann ist es gut, eine Freundin zu haben, die ich fragen kann. »Muss ich zum Arzt? Was soll ich machen, damit es mir besser geht?« Manchmal kommen über unsere medialen Kanäle auch Gesundheitstipps. In den vergangenen Jahren habe ich immer mal wieder bei anderen medialen Beratern Sitzungen genommen, auch aus beruflichem Interesse, um zu sehen, wie andere arbeiten. Dabei habe ich manchmal mediale Beratungen mit Menschen erlebt, die mir nicht lagen. Mit diesen Personen konnte oder wollte ich mich nicht einlassen, da mir die Energie - aus welchen Gründen auch immer - unangenehm war. Oder ich bekam vorher einen Hinweis wie: »Hüte dich!«. Einige Male bin ich über diese Hinweise hinweggegangen, doch diese Sitzungen taten mir im Nachgang nicht gut, es ging mir körperlich und seelisch schlecht. Es war, als passte ein Stecker nicht in eine Steckdose. Ich würde nicht sagen, dass diese Berater etwas falsch gemacht haben, doch es waren eben unangenehme Wahrnehmungen. Selbst wenn eine Freundin eine positive Erfahrung mit dem gleichen medialen Berater gemacht hatte, war das Ergebnis für mich ein anderes. Es ist wie ein Angriff auf die Privatsphäre, wenn die innere Stimme einer medialen Beratung nicht zustimmt. Daraus habe ich gelernt, das innere ‚Nein‘ zu respektieren und meine Neugierde beiseite zu lassen. Sollte ich noch einmal in eine solche Situation geraten, würde ich lieber aufstehen und gehen, und das rate ich auch allen Klienten, die eine mediale Sitzung nehmen möchten. Jedem, der eine mediale Beratung in Anspruch nehmen möchte, empfehle ich, vor allem auf sich selbst zu hören. Wenn wir in eine Sitzung hineingehen und ein unangenehmes Bauchgefühl haben, sollten wir uns freundlich verabschieden. Es muss nicht heißen, dass der mediale Berater schlecht ist, es kann auch einfach nicht der richtige Zeitpunkt sein. Doch das Bauchgefühl ist auf jeden Fall ein wichtiger Hinweis. Vielleicht geht es darum, weiter nach jemandem zu suchen, der uns eine Hilfe sein kann. Zudem sollten wir unseren gesunden Menschenverstand einsetzen und fragen: Sind die Gegebenheiten seriös? Ist das Honorar angemessen? Das eigene Verantwortungsbewusstsein für sich selbst sollte jeder Klient behalten. Auch wenn eine Vertrauensbasis besteht, sollte jeder die Informationen für sich selbst noch einmal genau reflektieren und wählen, welche davon angenommen werden sollten und welche nicht.

In der Zeit, bevor ich von Aachen nach Bochum wechselte, hatte ich eine Freundin, die medial arbeitete. In einer Sitzung ging es um meinen Sohn und die Frage, wo er in Zukunft wohnen würde. Meine Freundin sagte mir eine Variante voraus, in der mein Sohn weiter in Aachen bei seinen Großeltern bleiben würde. Es wurde mir eine Möglichkeit gezeigt, die ich aus verschiedenen Gründen nicht annehmen konnte. Damals ging ich aus der Sitzung und sagte dem Universum: »Diese Variante geht für mich gar nicht!« Ich bat darum, in dieser Lebenssituation intervenieren zu können und nach anderen Möglichkeiten zu suchen. Es ist nicht so gekommen, wie meine Freundin es mir in der Sitzung vorausgesagt hatte: Mein Sohn ging mit nach Bochum. So gibt es ganz unterschiedliche Wege mit den Informationen umzugehen, die wir in einer medialen Sitzung bekommen. Es besteht immer die Möglichkeit, um einen anderen Ausgang zu bitten, sich gegen etwas zu entscheiden und nach dem eigenen freien Willen zu handeln.

Ich stelle mir die Quelle als die höchste Schöpferkraft zum Wohle aller vor, mit der jeder in Verbindung treten kann. Ich habe gelernt, dass es über das Bitten gut funktioniert. Wenn wir um etwas bitten, wird uns etwas gegeben. Manchmal wird uns etwas gegeben, ohne dass wir darum gebeten haben. Manchmal fragen wir uns, warum uns nichts gegeben wird. Aber erst einmal können und sollten wir doch darum bitten. Wenn das Dach gedeckt werden soll, müssen wir zunächst jemanden anrufen, der uns dabei helfen könnte. Ich nutze das Bitten sehr viel im Alltag: Ich bitte um ganz weltliche Dinge, wie z. B. den oft zitierten Parkplatz. Ich finde es alltagserleichternd und erlebe ganz oft, dass mir geholfen wird. Warum auch nicht? Da zeigt sich wieder die Lebensnähe meiner Auffassung von Spiritualität und dass alle Ebenen miteinander verbunden sind - auch die alltäglichen Kleinigkeiten gehören zum Leben dazu. Bitten ist etwas, das jeder kann - ob wir arm sind oder reich, krank oder gesund, alt oder jung. Ich finde es wunderbar leicht und einfach. Warum bitten wir nicht öfter um Hilfe - in einfachen und in schwierigen Situationen?

Wenn wir in Urlaub fahren, frage ich vorher über meinen Kanal, welche Autobahn wir am besten nehmen sollen. Ich finde, in Bezug auf die banalen Alltagsfragen können wir die Medialität spielerisch betrachten. Einmal waren wir bei Freunden zu einem Wochenende inklusive Bootsfahrt eingeladen. Es wurde richtig heftiger Dauerregen angesagt. Also habe ich mich vor dem Wochenende hingesetzt, meine mediale Anbindung gesucht und um schönes Wetter gebeten. Gleichzeitig widersprach mein weltlicher Anteil: »Alle Meteorologen sagen Dauerregen voraus und du willst hier das Wetter verändern?« Meine Lösung dazu war: Ich bat für die eineinhalb Stunden unserer Bootsfahrt um Sonnenschein. Es kam genauso: Als wir ankamen, hörte der Regen auf und die Sonne kam heraus. Wir wollten zunächst grillen, doch wir entschieden uns zuerst mit dem Boot zu fahren und danach die Bratwurst zu essen. So fuhren wir eineinhalb Stunden mit dem Boot und als die Runde noch nicht ganz beendet war und wir gerade unter dem Dach angekommen waren, prasselte der Regen los! Ich hatte innerlich meinen Spaß. Die Sonnenlücke unserer Bootsfahrt und viele andere Alltagsmomente sind für mich, auch wenn es dem einen oder anderen banal erscheinen mag, Hinweise dafür, dass es diese andere Seite gibt, zu der wir immer einen Zugang haben.

Vor allem auch in schwierigen Lebenssituationen - mich selbst oder meine Klienten betreffend - bitte ich oft um eine Lösung zum Wohle aller Beteiligten. Dabei habe ich Lösungssituationen erlebt, die weder ich noch meine Klienten sich so hätten ausdenken können. Wer in einer schwierigen Situation ist, zermartert sich in Gedanken, wie es gut ausgehen könnte. Jeder möchte, dass sich eine Situation für ihn selbst so positiv wie möglich entwickelt, das ist eine natürliche Form von Egoismus. Wer die Bitte zum höchsten Wohle aller an die Quelle heranträgt, bekommt oft überraschende Lösungsmöglichkeiten gezeigt, und das Ergebnis ist für alle Beteiligten zufriedenstellend. Es ist schon oft in meinem Leben vorgekommen, dass Lösungen von schwierigen Situationen genau dieser Qualität entsprachen. Dafür bin ich sehr dankbar!

Dem Bitten steht für mich das Danken gegenüber. Wenn ich etwas bekomme, bedanke ich mich - auch für den banalen Parkplatz - herzlich und liebevoll. Manchmal vergesse ich die Dankbarkeit vielleicht in dem Moment, doch irgendwann am Tag wird mir die Situation noch einmal bewusst. Im Beten und Bitten liegt natürlich eine Ähnlichkeit. Doch das Beten habe ich in Form von heruntergeleierten Gebeten gelernt, deren Inhalt für mich als Kind unzugänglich war. Zudem hatte ich für meinen Opa gebetet, und er kam nicht lebendig aus dem Krankenhaus zurück. Meine Gebete und Bitten wurden nicht erfüllt. Ich hatte abgespeichert: »Wenn du nur genügend betest, wird der Opa wiederkommen.« Doch er kam nicht wieder. Das konnte ich als Kind nicht verstehen und ich hatte niemanden, der mir erklärte, dass nicht alle Bitten erfüllt werden können. Als Kind musste ich Gott aus meinem Leben verbannen. Mittlerweile bin ich aus der katholischen Kirche ausgetreten, heute bezeichne ich mich als freie Gläubige, das Bitten ist für mich religionsfrei. Durch das Bitten und die Medialität habe ich eine Form der Ansprache gefunden und ich bin froh, dass sich das gewandelt hat und ich diese Verbindung wiedergefunden habe.

Hokuspokus am Frühstückstisch
Medialität in Beziehungen

Menschen reagieren ganz unterschiedlich auf meine Medialität. Es kommt immer darauf an, wie sehr sie eine Offenheit für den spirituellen Themenbereich mitbringen. Ich habe lange eine gewisse Unsicherheit gespürt, wenn ich jemanden neu kennenlernte, weil ich nicht wusste, wie derjenige der Spiritualität und Medialität gegenüber steht. Es bleibt bis heute die Frage, ob ich mich mit einem ersten Satz oute oder eben lieber nicht. Ich erlebe Menschen, die der Medialität gegenüber offen sind, dann haben wir direkt eine gemeinsame Gesprächsgrundlage. Doch manche können damit überhaupt nichts anfangen und wollen sich auch nicht dafür öffnen. Ich habe mit der Zeit gelernt, das zu akzeptieren. Früher habe ich versucht, mich zu rechtfertigen oder die Medialität in ein positives Licht zu rücken, doch ich bin über die Jahre für mich zu der Erkenntnis gekommen: Es ist und bleibt vertane Liebesmüh.

Mit einer oder zwei Fragen versuche ich im Gespräch herauszufinden, ob es eine gemeinsame Basis gibt. Ich schaue, ob eine Tür offen ist, ob ich einen Raum betreten kann oder eben nicht. Wenn mein Gegenüber gar keine Affinität zu spirituellen Themen hat, ist es, als würde ich gegen eine Mauer reden. Gleichgültig, was ich sage, ich werde denjenigen nicht erreichen können. Weder kann ich ihm die Aura als ein elektroma-

167

gnetisches Feld erklären, noch kann ich über karmische Zusammenhänge sprechen. Nichts wird mein Gegenüber überzeugen. Wenn die Tür verschlossen ist, versuche ich nicht, sie mit Gewalt zu öffnen. Reagiert der andere nicht, kann ich heute die Tür ganz liebevoll geschlossen lassen und über Yoga, Meditation und systemisches Coaching sprechen. Wenn ich erzähle, dass ich neben der systemischen Beratung spirituell arbeite, ist das möglicherweise schon das Unterscheidungskriterium bzw. die Stelle, an der andere Menschen innerlich aussteigen. Jeder, der medial arbeitet, muss lernen, diese geschlossenen Türen zu respektieren. Ich bin nicht für jeden Menschen die richtige Beraterin bzw. ist die mediale Ebene nicht jedem zugänglich, auch wenn sie theoretisch allen Menschen offen steht.

Oder ich merke nach den ersten Sätzen oder bei Nachfragen, dass mein Gegenüber Interesse zeigt. Manche haben sich noch nie mit der Medialität beschäftigt und bisher überhaupt keine spirituellen Erfahrungen gemacht. Dann kommen Fragen wie: »Was machst du da genau?«»Was sind die Ergebnisse?« Ich versuche, es möglichst praktisch zu erklären, z. B. anhand der Themen, Fragen und Herausforderungen, mit denen meine Klienten zu mir kommen und wie sie anschließend nach Hause gehen. Es ist nicht leicht, den Prozess der medialen Anbindung zu erklären, wie sich der Wandel in den Menschen vollzieht und wie ich sie dabei begleite. Wenn ich merke, es besteht ein ehrliches Interesse, lade ich die Menschen einfach ein, ihre eigenen Erfahrungen zu machen. Ich vergleiche das gerne mit einem Autorennen. Ich lade herzlich dazu ein, einmal eine Runde in einem Formel-Eins-Wagen mitzufahren und jeder darf selbst entscheiden, ob es ihm gefällt oder nicht.

Oftmals begegne ich Menschen, die bereits eine unangenehme Erfahrung mit einem medialen Berater gemacht haben. Eine Frau erzählte mir, sie habe einmal eine Sitzung genommen. Sie sagte: »Das war so gruselig und unangenehm, das mache ich nie mehr wieder.« Das ist natürlich schade, denn ich finde, es ist ein ganz wertvoller Aspekt und eine hilfreiche Methode zur Lösung von schwierigen Lebenssituationen. In solchen Fällen versuche ich herauszufinden, was denjenigen ursprünglich dazu bewogen hatte, eine Sitzung zu nehmen. Oft wird deutlich, dass der Klient von Anfang ein unangenehmes Gefühl hatte und sich trotzdem auf die Sitzung eingelassen hat. Da schließt sich der Kreis. Es geht gleich um das Thema, sich mit der eigenen Intuition zu verbinden. Nur weil es mit einem Medium nicht gepasst hat, heißt es nicht, dass die mediale Arbeit an sich für jemanden verloren ist. Ich denke, das Risiko sollte jeder noch einmal eingehen. Möglicherweise läuft die zweite Sitzung ganz anders. Wer einmal beim falschen Friseur gewesen ist, wird sich beim nächsten Mal bei einem anderen die Haare schneiden lassen. Ich versuche in diesen Fällen, Werbung für die Sache an sich zu machen, ohne Druck und Zwang auf denjenigen auszuüben. So habe ich einige Menschen ermutigen können, der medialen Arbeit noch einmal eine Chance zu geben.

Auch meine spirituellen Freundinnen kennen die Skepsis gegenüber der Medialität. Gemeinsam mit Veronika erinnerte ich mich an ein Gespräch aus meinen Anfängen. Ich war bei Bekannten zu Besuch und hatte das Gefühl, mich offenbaren zu müssen. Doch ich trat damit in ein Fettnäpfchen, meine Bekannten waren wenig begeistert. Veronika sagte damals: »Pass auf! Auch wenn du innerlich gedrängt bist, es zu sagen - wenn es nicht der richtige Zeitpunkt oder der richtige Rahmen ist, ist es besser, den Mund zu halten.« Als wir anfingen die medialen Fähigkeiten zu entwickeln, machten Veronika und ich ähnliche Erfahrungen. Wir waren geneigt, die für uns so großartigen und wichtigen Erlebnisse und Erkenntnisse mit anderen teilen zu wollen. Veronika erzählt: »Am Anfang war ich euphorisch und wollte es mit allen teilen. Ich stieß ganz schnell auf Ablehnung, nahm mich automatisch zurück und bekam ein ganz intensives Gefühl dafür, wem ich es sagen konnte und wem nicht. Ich konnte helfen, doch dass diese Hilfe nicht von jedem gewünscht wurde, musste ich lernen zu akzeptieren.«

Wer die medialen Fähigkeiten zum ersten Mal in sich entdeckt, ist natürlich euphorisch, weil er bemerkt, was er damit bewirken kann. Auch ich war voller Begeisterung und sprach aus dieser Begeisterung heraus darüber. Doch oftmals spürte ich bei meinem Gegenüber Ablehnung oder Desinteresse. Auch wenn es unausgesprochen blieb, bemerkte ich die subtilen Vorbehalte. Meine langjährige Freundin Gerlinde, die an meiner zweiten medialen Ausbildung teilgenommen hat, kann Ähnliches berichten: »Ich überlege genau, wem ich davon erzähle und wem nicht. Eine grundsätzliche Offenheit muss auf der anderen Seite bestehen, sonst kann ich kein Verständnis erwarten. In meinem Bekanntenkreis weiß ich oder kann erspüren, wer dafür offen ist und wer nicht. Doch ich rede relativ selten darüber, vielleicht sollte ich es mehr in mein Leben integrieren. Manchmal kommt keine Ablehnung, sondern einfach kein Interesse. Bei manchen Menschen gibt es eben keine Offenheit für spirituelle Themen. Wenn ich das Thema im Gespräch erwähne, z. B. frage, ob jemand schon einmal eine Aufstellung gemacht hat, und es begegnet mir absolutes Desinteresse, würde ich nichts weiter erzählen.«

Ich denke, zu einem Medium zu gehen, ist immer noch auf gewisse Weise ein Tabuthema, auch wenn die Medialität eine lange Geschichte hat und die mediale Arbeit in vielen Kulturen und Traditionen in unterschiedlichen Formen praktiziert wird. Man weiß, dass frühere Kriegsherren vor ihren Gefechten die Sterne befragten und sich hohe Politiker spirituell beraten ließen. Es ist eine Energie, die schon immer zum Menschsein dazu gehört hat. Wenn wir über die Aura als Energiefeld sprechen, das jeden Menschen umgibt, haben natürlich nicht nur diejenigen eine Aura, die daran glauben oder etwas darüber wissen. Ich glaube, dass alle Menschen spirituelle Aspekte in ihrer Persönlichkeit besitzen, auch die, die es ablehnen, Spiritualität aktiv zu praktizieren.

Der Umgang mit den medialen Fähigkeiten kann auch in Bezug auf das familiäre und freundschaftliche Umfeld herausfordernd sein. In meinem näheren Umfeld gehe ich ganz offen mit meiner Medialität um. Doch nicht immer sind die Informationen erwünscht. Manchmal sitzen wir mit der Familie beim Frühstück zusammen, einer erzählt etwas und ich bekomme zwei, drei Sätze in Botschaften. Dann kann es passieren, dass die Botschaften einfach aus mir herausspringen. Mal werden die Informationen gern angenommen, doch ab und an wird meinen Mitmenschen der »Hokuspokus« auch zu viel. Meinem Sohn sind die Informationen bis zu einem gewissen Maß willkommen, natürlich besonders, wenn sie positiv sind. Im Hinblick auf die Stellensuche seiner Freundin bekam ich immer wieder den gleichen Satz: »Sie wird etwas ganz Schönes bekommen.« Wenn mein Sohn in einer schwierigen Situation ist und davon erzählt, bekomme ich natürlich auch dazu Informationen. Manchmal hört er es sich gerne an und nimmt es einfach als eine andere Sichtweise auf. In meiner Kommunikation mache ich dabei jedoch immer deutlich, von welcher Ebene aus ich gerade spreche, das heißt, was meine eigene Meinung und was Botschaft ist. Diesen Unterschied finde ich für mein Gegenüber wichtig zu wissen.

Für die Arbeit an diesem Buch hat mir mein Sohn seine Eindrücke zum Aufwachsen mit einer spirituellen Mutter erzählt: »Wenn ich eine Klassenarbeit geschrieben habe, sagtest du z. B., du würdest den Engeln Bescheid sagen.« Mein Sohn meint, er habe erst ab dem Alter von elf oder zwölf Jahren ganz bewusst wahrgenommen, dass Spiritualität in unserer Familie eine größere Rolle spielte als bei anderen. Heute steht er der Medialität kritischer gegenüber als ich, die Spiritualität an sich ist nicht so ausgeprägt in seinem täglichen Leben. »Wenn ich einen Konflikt wahrnehme, gehe ich nicht immer direkt in die Ebene, die du sofort siehst. Du beziehst dich sofort auf Familienverhältnisse, Ahnen und frühere Muster. Das ist mir manchmal zu tief, doch das heißt nicht, dass ich diese Sicht kategorisch ablehne.« Wie ich selbst nimmt er vieles sehr genau wahr - genauer als seine Mitmenschen ist sein Eindruck. So habe ich meine besondere Wahrnehmung vielleicht auf andere Art weitergegeben, auch wenn mein Sohn sie nicht so einordnet oder nutzt wie ich. Mein Sohn erinnert sich an eine Situation aus unserem Leben: »Bevor ich anfing zu studieren, hast du mir nahe gelegt, eine Aufstellung zu machen. Ich hatte zwar eine Idee, in welche Richtung das Studium gehen sollte, doch ich war unentschlossen.« Um die Entscheidung meines Sohnes abzusichern, gingen wir zu einem Kollegen, ich selbst wäre vielleicht zu verstrickt gewesen. Mein Sohn erzählt: »Das Ergebnis der Aufstellung war der Studiengang, den ich mir vorher ausgesucht hatte. Es war sehr hilfreich, die Entscheidung aus verschiedenen Perspektiven zu betrachten und zu verstehen, was mich in meiner Entwicklung beeinflusst hat. Obwohl ich einen ganz anderen Weg gehe als meine Familie bzw. mein Vater, wurde durch die Aufstellung deutlich, dass die Begabung dazu schon vorher in der Familie vorhanden war.« Es freut mich noch heute sehr, dass mein spirituelles Interesse und der Umgang mit zu klärenden Situationen auch Menschen in meinem familiären Umfeld unterstützen konnte.

Eine meiner Freundinnen sagte mir sofort, dass sie keine Informationen über meinen Kanal bekommen möchte. Das habe ich selbstverständlich akzeptiert. Anfangs war es anstrengend für mich, da ich bei unseren Treffen Informationen bekam, die ich nicht weitergeben konnte. Ich konnte mit den Informationen nichts anfangen, und es entstand ein unangenehmer Energiestau in mir. Daraus habe ich gelernt, mit der anderen Seite auch darüber zu kommunizieren, dass ich für bestimmte Personen keine Informationen mehr bekommen möchte. Seitdem bleibt mein Kanal still, wenn ich mich mit dieser Freundin treffe. Doch es ist eine Stille, die das Wissen und das Vertrauen enthält, dass die Informationen sofort da wären, wenn sich meine Freundin von einem auf den anderen Moment anders entscheiden würde. Dessen bin ich mir sicher.

Manchmal erhalte ich im Alltag Informationen für Menschen, die mir nicht nahe stehen. In meinem Qi-Gong-Kurs erzählte eine Teilnehmerin von ihren Blutdruckkrisen. Wir alle konnten ihr anmerken, dass es ihr schlecht ging, denn oft sind Blutdruckkrisen von der Angst begleitet, dass etwas Schlimmeres passieren könnte. Ich hörte ihr zu und auf einmal war die Information da: »Du wirst nicht sterben.« In einem solchen Moment stehe ich vor der Herausforderung, wie und ob ich meinem Gegenüber die Botschaft mitteile. Ich habe sie angeschaut und gesagt: »Mein Gefühl sagt mir, du wirst nicht sterben, nimm diesen Satz einfach mal mit.« Meine Qi-Gong-Lehrerin lachte, weil sie wusste, woher die Informationen kamen. Ich wusste nicht, was mit dem Satz passieren würde: Die Teilnehmerin konnte ihn annehmen oder auch nicht. Vielleicht würde sie sich nie mehr daran erinnern, vielleicht würde ihr der Satz wie ein Mantra durch den Kopf gehen und sie in ihrer Angst erleichtern. Doch ich hatte ihn an sie weitergegeben und hatte damit meine Aufgabe erfüllt.

Wenn sich zwei Menschen im Bus unterhalten, könnte ich theoretisch Informationen bekommen, auch wenn das bisher noch nicht vorgekommen ist. In diesem Fall würde ich mich jedoch unter keinen Umständen einmischen. Obwohl ich der Überzeugung bin, dass man auf medialem Weg überall hineinschauen kann und keine Information im Verborgenen bleibt, respektiere ich die Privatsphäre. Ich möchte mich nicht in das Leben fremder Menschen drängen. Auch wenn ich in einer medialen Sitzung ein Stoppschild gezeigt bekomme, das heißt, wahrnehme, dass ich irgendwo nicht hineinschauen soll, halte ich mich daran. Meine Klienten müssen das ebenfalls aushalten. Manchmal können sie eine Information nicht bekommen und ihre Fragen müssen unbeantwortet bleiben. Es ist schon vorgekommen, dass Klienten mich zu Themen oder anderen Menschen befragten und ich keine Antwort bekam oder mir ein Stoppschild gezeigt wurde. Ich glaube, in diesen Fällen war der Blick in das Thema für ihren Entwicklungsprozess nicht wirklich relevant, oder es war nicht der richtige Zeitpunkt. Manchmal gibt es Dinge, die ich gesehen habe, die mein Gegenüber aber (noch) nicht wissen sollte. Ob ich es erzwingen könnte, ein Stoppschild zu übergehen, weiß ich nicht. Ich halte mich mit hundertprozentiger Konsequenz an diese Hinweise, denn ich möchte niemanden manipulieren oder übergriffig arbeiten.

Es kommt vor, dass Klienten kommen, die mich zu bestimmten Aussagen drängen wollen. Es passiert selten, doch manchmal spüre ich, dass jemand mit einem Vorsatz kommt und etwas ganz Bestimmtes hören will. Doch wenn mir das Gewünschte so nicht gezeigt wird, kann ich keine Aussage dazu machen. Ich übermittle das, was ich bekomme - ob es meinem Klienten gefällt oder nicht. In diesen Momenten erlebe ich, dass dem Klienten Hilfestellungen gegeben werden. Über meinen Kanal empfange ich Fragen wie: »Überlege dir einmal, warum es dir mit dem Thema schlecht geht?« »Warum hast du Hassgefühle gegenüber einer Person?« »Was fehlt dir, damit es dir besser geht?« Manchmal sind es jedoch genau diese Hilfestellungen, die meine Klienten nicht annehmen wollen. Sie haben ihre Richtung klar vor Augen, doch ich kann nur bei dem bleiben, was ich gezeigt bekomme. Manchmal waren Klienten bereits bei einem anderen Medium. Dann kommen sie zu mir und konfrontieren mich mit entgegengesetzten Aussagen. Doch ich übermittle weiterhin, was ich bekomme und kann nicht dazu Stellung nehmen, was andere zuvor gesehen haben. Auch weiß ich in dem Moment nicht, ob es vielleicht nur in der Phantasie meiner Klienten anders angekommen ist. Oft geht es für die Klienten in diesen Situationen mehr in die Selbstreflexion hinein. Aus meiner eigenen Erfahrung heraus weiß ich, dass dieser Blick auf die eigenen Anteile schwierige Situationen eher auflöst als der Blick auf andere. Doch wenn der Klient das nicht annehmen will, hat er das Recht, sein Problem, seine Wut und seine Sichtweise zu behalten. Ich bin lediglich aufgefordert, meine Übermittlungen so präzise wie möglich zu machen. Für mich stellt sich im Kontakt mit meinem Umfeld immer die Frage, ob ich aussprechen darf, was ich bekomme. Wenn ich ein, zwei Sätze in einer Alltagssituation ausspreche, ist das nicht unbedingt sofort eine Aufdringlichkeit und ein Übergriff für mein Gegenüber. Doch dadurch, dass ich von einer Freundin Ablehnung erfahren habe, habe ich mir angewöhnt, immer zu fragen, ob die Informationen erwünscht sind. Wenn ich dazu komme die Informationen weiterzugeben, endet mein Auftrag.

Natürlich habe ich sehr viele spirituell interessierte Freundinnen. Das Interesse ist unterschiedlich stark ausgeprägt, doch in diesem Umfeld fühle ich mich sehr angenommen. Manchmal kommen die Informationen zwischen Schnitzel und Kuchen. Meine spirituellen Freundinnen nehmen mich an, wie ich bin. Ich channele natürlich im Café nicht wie in einer Sitzung, die Informationen bekomme ich nebenbei. Wenn wir im Gespräch sind, wird mir immer wieder punktuell etwas gegeben, auch wenn wir nicht offiziell eine Sitzung einberufen haben. Ich erhalte zwei oder drei wichtige Sätze. Meine Freundinnen finden es angenehm, sie hören sich die Botschaften an, ohne zwingend danach zu handeln. Ich habe das Paket abgeliefert, was sie mit der Lieferung machen, bleibt ihnen überlassen. Wenn ich bemerke, dass noch mehr Informationen in der Pipeline sind, frage ich meine Freundinnen einfach, ob sie diese jetzt noch hören wollen, und sie können selbst entscheiden. Ich glaube, ich habe über die Jahre auch in der alltäglichen Medialität mit meinem Umfeld einen gesunden Pragmatismus entwickelt.

Mediale Mädelsrunde
Freundschaftliche Verbindungen

Vor einigen Jahren war ich einmal zu einem Treffen eingeladen, bei dem keine der beteiligten Frauen einen spirituellen Hintergrund hatte. In diesem Umfeld waren den ganzen Nachmittag völlig andere Gespräche maßgeblich als die, die ich sonst führe. Es ging darum, welche Handtaschen von welcher Marke getragen wurden, ob die letzte Urlaubsreise zufriedenstellend ausgefallen war und welche Prominenten die Magazincover zierten. Zu Gesprächsrunden dieser Couleur kann ich wenig beitragen. Auch ich habe eine Handtasche (wohingegen mir die Marke nicht wichtig ist) und fahre gerne in Urlaub. Wenn ich im Supermarkt an der Kasse stehe, bemerke ich die Titel in den Zeitschriftenregalen oder lese ein Magazin beim Friseur. Das kann eine Form von Entspannung sein, doch für mich sind andere Themen in Gesprächen wichtig.

Für die Arbeit an diesem Buch habe ich mich mit meinen spirituellen Freundinnen Anja, Gerlinde und Veronika unterhalten, die mich schon sehr lange begleiten, und ihnen Fragen gestellt. Mit Anja bin ich seit über 20 Jahren befreundet. Sie kennt mich also noch aus meiner »pragmatischen Drangzeit«, wie Anja es nennt, als ich noch nicht medial unterwegs war. Anja sagt: »Wenn es darum ging, einen Umzugswagen zu organisieren oder das Kind unterzubringen, warst du zur Stelle.« Anja war

179

spirituellen Themen nie abgeneigt, wir sind auch zusammen bei Regina gewesen, doch sie ist nie so tief eingetaucht wie ich. Sie konnte mich annehmen, hat sich meine Erfahrungen angehört und ich erlebe erst jetzt, dass sie eine größere Neugierde entwickelt, was ich schön finde. »Ich bin immer offen damit umgegangen, weil ich erst einmal für alles offen bin. Doch du hast es mir auch leicht gemacht. Ich glaube, dass du wusstet, wem du was erzählen konntest und ich hatte nie das Gefühl, dass es seltsam ist, was du machst - wirklich nie. Es war immer nur positiv«, sagt Anja. »Du hast mir in ganz vielen Situationen Anschlüsse gegeben und hast mich zu vielen Sachen mitgenommen. Gerade in Bezug auf meine Tochter hast du mir sehr oft geholfen, andere Sichtweisen zu entwickeln. In Alltagssituationen mit meinen Kindern und mit Familienangehörigen warst du für mich sehr bereichernd. Die neuen Blickwinkel haben mir oft geholfen, anders zu reagieren, so dass sich das Blatt für mich gewendet hat.«

In den spirituellen Gesprächen mit meinen Freundinnen geht es oft um Beziehungsthemen. Wir besprechen unsere Lebensphasen und Lebenswege und die unserer Familienmitglieder. Ich finde es immer wichtig zu schauen: Wo stehen wir gerade? Zurzeit erleben wir die Wechseljahre mit Stimmungsschwankungen und allem, was dazugehört, als neue Phase unseres Lebens. Wir alle sind in einem Alter, in dem die Kinder aus dem Haus sind und die ersten Schritte in ihr eigenes Leben machen.

Sie sind im Studium, in einem Job und haben erste festere Partnerschaften. Auch das sind Themen, die uns beschäftigen. Oft hilft es uns, in die Tiefe zu gehen, z. B. im Hinblick auf Anjas Tochter. Weil auch ich eine schwierige Beziehung zu meiner Mutter hatte und und ein so genanntes anstrengendes Kind war, konnte ich Anja aus meinem eigenen Erleben und aus meinem Coachingkontext heraus neue Blickwinkel eröffnen. Oder es kamen Botschaft wie:»Du wirst dir um deine Tochter keine Sorgen machen müssen. Sie geht auch ihren Weg.«

Meine Freundin Gerlinde und ich kennen uns seit über zehn Jahren. Gerlinde kann sich noch gut an die Zeit erinnern, als ich meine medialen Fähigkeiten entdeckte:»Als ich dich über einen Reiki-Kurs kennenlernte, war Reiki ganz selbstverständlich. Damals hast du noch Yoga gegeben, auch das war ganz selbstverständlich. Dann kam das Mediale hinzu. Dahinter stand erst einmal ein großes Fragezeichen. Am Anfang hattest du sehr viel Respekt vor dem Thema, das habe ich gespürt. Gleichzeitig war da aber doch das Wissen, das es etwas für dich ist. Im Laufe der Zeit entwickelte es sich immer weiter, ging weg vom Reiki und Yoga hin zur Medialität. Jetzt erlebe ich, dass es für dich auch selbstverständlich ist, ein Medium zu sein. Über die Jahre, die wir uns kennen, habe ich eine deutliche Entwicklung gespürt. Es hat sich von ‚Da habe ich Respekt vor.‘ und ‚Kann ich das?‘ gewandelt zu ‚Ja, natürlich kann ich das. Es ist ein Teil von mir.‘«

Ich finde es schön, dass meine Medialität für meine Freundinnen zu etwas ganz Selbstverständlichem geworden ist. Für mich selbst ist es genauso. Am Anfang begegnete ich etwas ganz Neuem. Das ist ähnlich wie den Führerschein zu machen. Der Fahrlehrer erzählt, was die unterschiedlichen Verkehrsschilder bedeuten und wie das Auto bedient wird. In der ersten Fahrstunde denken wir vielleicht, wir schaffen es nie: Wie sollen wir am Steuer sitzen und an all die Dinge gleichzeitig denken? Den Spiegel einstellen, die Kupplung treten, den Gang einlegen, ihn langsam kommen lassen, lenken, blinken und während der Fahrt noch den Verkehr beobachten?! Umso häufiger wir jedoch mit Dingen umgehen, umso natürlicher werden sie für uns. Es geht uns in Fleisch und Blut über. Für mich ist die Medialität mittlerweile so selbstverständlich, dass es kaum eine Trennung zwischen der medialen und der Alltagswelt gibt. Wenn ich einer Freundin oder einem Klienten eine Sitzung gebe, hat die Medialität einen anderen Rahmen und ich gehe noch einmal bewusster damit um. Doch viele mediale Wahrnehmungen passieren einfach während des ganz banalen Alltagslebens.

Gerlinde hat die mediale Ausbildung bei mir abgeschlossen, arbeitet jedoch bisher nicht medial. Das ist bei ihr in der Entwicklung. »Bewusst und aktiv arbeite ich noch nicht medial, aber ich merke natürlich, dass ich sensibilisiert bin für spirituelle und mediale Themen und die Gedanken automatisch in mein Leben mit einfließen«, erzählt Gerlinde. »Wir haben inzwischen schon sehr viel für mich gearbeitet. Das gehört für mich zu unserer Freundschaft dazu. Ich finde es toll, weil ich dadurch meine Persönlichkeit weiterentwickeln kann und mir bei vielen Fragen einfällt, eine Aufstellung dazu mit dir zu machen. Dieser mediale Bereich hat mein tägliches Leben bereichert. Unsere Freundschaft hat mich in Beziehungsthemen sehr unterstützt. Ich hatte einmal eine unerfreuliche Beziehung zu einem verheirateten Mann, das ist mir an die Substanz gegangen. Da konnten wir über Aufstellungen, Gespräche und über Channeling einiges auflösen. Ich mache mir als Mutter natürlich Gedanken darum, wie es meinen Kindern geht. Darauf haben wir auch über Gespräche oder Channeling geschaut über das hinaus, was ich mit den Kindern im Kontakt selbst empfinden kann.« Anja hat die Entwicklung meiner medialen Fähigkeiten eher von außen erlebt: »Ich denke, du hast diese Entwicklung parallel neben mir gemacht. Wenn du mir erzählt hast, dass du bei einem Medium warst, dass es ganz toll gewesen sei, und mich gefragt hast, ob ich einmal mitkomme, bin ich mitgefahren! Doch du hast mich erst eingeweiht, wenn du den Schritt schon gemacht und dich bereits auf etwas hinbewegt hattest, erst dann bin ich dazugestoßen. Doch wie das im Inneren bei dir ausgesehen hat, ich glaube, dazu hatte ich keinen Zugang. Ich durfte immer die Früchte von deiner Auseinandersetzung pflücken und vom Endergebnis profitieren.«

Einen Tag unter uns spirituellen Freundinnen muss man sich jedoch nicht in irgendeiner Weise abgehoben vorstellen. Es sind keine erhabenen Tage, es ist sozusagen eine ganz normale Mädelsrunde. Wir unternehmen etwas und die Informationen kommen, wenn sie kommen sollen. Wir erzählen uns aus dem Nähkästchen und ziehen vielleicht auch einmal andere durch den Kakao. Hier und da kommen mediale Informationen, die den Tag würzen. »Wir gehen auch ganz weltlich Currywurst mit Fritten essen«, sagt Anja. Gerlinde erzählt: »Wir treffen uns regelmäßig zu Kaffee und Kuchen und laufen auch einmal gerne durch den Wald. Doch es ist ganz natürlich, dass eine von uns vorher in die Runde fragt, ob wir zu einer Fragestellung eine Aufstellung machen können. Für uns ist das inzwischen selbstverständlich, obwohl es das für andere vielleicht nicht wäre. Ich finde das sehr schön, weil wir uns gegenseitig helfen. Zudem können wir immer etwas von den anderen erfahren, das wir auf andere Art vielleicht nicht erfahren hätten. Das ist eine ganz besondere Vertrauensbasis.«

Auch für Anja ist der Umgang mit den Aufstellungen unter uns Freundinnen mittlerweile ganz selbstverständlich geworden: »Ich denke, das ist auch das Schöne, dass es ein ganz natürlicher Umgang ist. Obwohl ich selbst nicht medial unterwegs bin, ist es immer eine angenehme Stimmung. Natürlich hatten wir auch Aufstellungen, bei denen eine geweint hat, weil es ihr nicht so gut ging. Aber mittlerweile gehe ich ganz entspannt damit um. Es ist für mich immer bereichernd. Ich nehme die Denkanstöße auf und mache mir meine eigenen Gedanken. Es sind jedes Mal Anstöße, für die ich dankbar bin.« Meine mediale Freundin Veronika sagt, dass es für sie eher schwierig sei, mit Freundinnen umzugehen, die nichts mit spirituellen Dingen zu tun haben.»Da fühle ich mich nicht so wohl wie in unserer Runde, in der ich weiß, das jede offen ist.« Anja stimmt ihr zu:»Auch wenn ich selbst nicht so spirituell unterwegs bin, muss man natürlich offen sein. Wenn ich nicht offen für diese Themen wäre, könnte ich mit meinen Freundinnen nichts anfangen. Ich bin offen dafür, doch ich praktiziere es nicht selbst. Ich habe dich auch weiterempfohlen für eine Aufstellungsarbeit an ein Familienmitglied. Diejenige war hochzufrieden und begeistert. Auch ihr hat die mediale Arbeit ganz viel gebracht. Ich habe danach noch oft mit ihr darüber gesprochen, und es läuft ganz anders bei ihr.«

Auf die Frage, ob ich immer noch ganz die Alte sei oder ob ich mich durch meine Medialität stark verändert habe, sagte meine Freundin Anja:»Es ist beides. In vielen Dingen bist du genau die Alte. Du hast auch immer noch das Pragmatische und den Drang zum Machen. Du tust, was zu tun ist. Für mich bist du immer stark und selbstbewusst gewesen, und das bist du auch heute noch. Das Mediale ist für mich einfach nur dazu gekommen. Es ist das Sahnehäubchen.« Mit Veronika habe ich mich darüber unterhalten, ob es Rückschritte gibt und ob wir aus der medialen Wahrnehmung aussteigen könnten. Ich denke, wirklich dahin zurück, als wäre das alles nicht passiert, kann ich nicht. Ich könnte höchstens meinen Zugang verschließen, um nicht mehr mit der medialen Welt in Kontakt zu treten. Doch es gibt immer wieder Menschen in Situationen, in denen das reale Leben keine Antworten bereit hält. Und es ist immer hilfreich, diesen Zugang zur Verfügung zu haben. Vor einiger Zeit kam eine Klientin zu mir und sagte:»Ich will nur etwas Schönes heute und nicht wieder etwas zum Thema Familienverbindungen.« Natürlich haben wir etwas zu ihren familiären Themen bekommen. Es ist öfter so, dass genau das kommt, das wir uns gerade nicht wünschen. Dann geht es an diesem Punkt darum, sich einem Thema zu widmen, das wir vielleicht schon nicht mehr hören können, bei dem aber irgendetwas noch nicht zu Ende aufgelöst ist. Eine Woche später bekam ich eine E-Mail von meiner Klientin, in der sie sagte, wie toll die Sitzung im Nachhinein für sie gewesen sei, dass sie ganz viel habe mitnehmen können und dass für sie neue Veränderungen gesetzt wurden. Manchmal ist es gut, in Themen hineinzugehen und sich unangenehme Fragen zu stellen. Manchmal ist es besser zu schauen, was in diesem Moment dran sein will. Manchmal kommen Themen, die wir uns nicht hätten ausdenken können. Veronika ist sich ganz sicher:»Du bist so weit gegangen, du kannst nicht mehr zurück.«

Heilende Beziehungen
Familiäre Verbindungen

Wenn ich meine eigene Ahnengeschichte betrachte, versuche ich natürlich eine mediale Linie zu sehen. Ein ausgebildetes Medium gab es in meiner Familie jedoch vorher nicht. Wie bereits erwähnt, war meine Urgroßmutter eine mediale Frau und meine Mutter interessierte sich für Heiler und Heilkräuter. Ich habe eine Zeit lang gedacht, dass die Krankheit meiner Mutter vielleicht eine falsch abgebogene Medialität gewesen ist. Doch heute weiß ich, dass eine psychische Krankheit definitiv etwas anderes ist. Meine Mutter hat sich mit Heilkräutern befasst und Menschen damit Gutes getan. Das war etwas, das sie aus Büchern lernen konnte. Doch Medialität kann sich niemand anlesen. Das versuche ich ganz konsequent meinen Ausbildungskandidaten beizubringen. Wenn wir z. B. eine Farbmeditationen anleiten, hätten die Teilnehmer am liebsten eine Liste mit den Bedeutungen der einzelnen Farben. Doch genau das gebe ich ihnen eben nicht an die Hand, sonst wären sie an diese Liste gebunden. Wer medial arbeitet und ein Heilchanneling mit einer Farbe an einem Klienten durchführt, braucht in keiner Liste nachzuschauen. Als Medium haben wir immer die Möglichkeit zu fragen: Für was steht eine bestimmte Farbe in diesem einen Moment für diesen besonderen Menschen? Genau das finde ich an der Medialität so spannend, dass sie nicht etwas aus Büchern Erlerntes ist, sondern dass sie die Dinge für den jeweiligen Menschen ganz speziell auf den Punkt bringt.

So kann eine Farbe für eine andere Person in einer halben Stunde eine ganz andere Bedeutung haben.

Für die Arbeit an diesem Buch habe ich mit meiner Nichte, der Tochter meines Bruders, gesprochen. Sie ist in ihren 30ern und mittlerweile auch eine lebenserfahrene Frau. In den letzten Jahren hat sich zwischen uns eine engere Beziehung entwickelt. Meine Nichte hat meine Entwicklung immer positiv betrachtet und sagte, dass es in der Familie Gossen zwar immer ein Interesse für ganzheitliche Ansätze, Coaching, Homöopathie, Yoga und Meditation gab. Doch außer mir habe es bisher keinen gegeben, der so tief in das Thema Spiritualität eingestiegen ist. Wenn ich mit ihr zusammen bin, klinkt sich die mediale Ebene immer mal wieder mit ein. Wir haben auch für sie schon oft wichtige Informationen bekommen. Es ist keine offizielle Sitzung, die Informationen ergeben sich aus dem Beieinandersein, wenn sie mir z. B. von schwierigen Lebenssituationen erzählt, sich über etwas ärgert oder mir auch einmal eine Frage stellt.

Einmal waren meine Nichte und ich miteinander im Gespräch und ich habe ganz plötzlich ein Bild bekommen: Ich sah einen Türrahmen, in dem nichts war, nur eine Leere. Einige Wochen später trafen wir uns wieder und meine Nichte fragte nach dem leeren Türrahmen: »Der ist mir irgendwie nicht aus dem Kopf gegangen.« In dem Moment, in dem sie diese Frage stellte, zeigte sich in dem Türrahmen, den ich bereits zuvor gesehen hatte, ihr verstorbener Großvater. Es war der biologische Vater meines Bruders, den sie nie kennen gelernt hatte. Es wurde für uns deutlich, dass dieser Opa für ihre Verbindung zur Familienhistorie eine große Bedeutung hatte. Dieser Opa war die eigentliche Familienverbindung meiner Nichte, da mein Bruder und ich verschiedene Väter hatten. Der Moment, in dem ich die Informationen aussprach, die über meinen Kanal kamen, berührte meine Nichte sehr. Sie erzählte von ihren Wahrnehmungen als Kind. Sie hatte sich nie zu meinem Vater, der ihr Stiefopa war, hingezogen gefühlt, ohne dass mein Vater irgend etwas getan hätte. Sie spürte keine Verbindung. Heute spricht sie oft von ihrem biologischen Großvater. Bisher sind wir zu diesem Thema noch nicht weiter in die Tiefe gegangen, aber vielleicht werden wir noch mit ihm Kontakt aufnehmen, um mehr darüber zu erfahren. Meine Nichte sagte, sie empfinde die Gespräche mit mir immer als eine Bereicherung, als eine Mischung aus dem ganz alltäglich Weltlichen, in das mediale Aspekte eingestreut werden. Einmal kam sie zu mir und sagte: »Ich will dir heute mal gar nichts erzählen. Kannst du mal deinen Kanal befragen, ohne dass ich etwas gesagt habe?« Das haben wir gemacht und fanden es sehr spannend. Oft bekomme ich die Informationen in einer Bildersprache gezeigt und meine Nichte sagte, dass sie sich in diesen Bildern mit ihren Themen genau wiederfinden konnte.

Wir haben für sie auch eine so genannte Karmaauflösung durchgeführt: Meine Nichte hatte eine langjährige Freundin. Es war eine sehr ambivalente Beziehung, die zwei Frauen liebten und hassten sich. Die Freundinnen waren zu dem Zeitpunkt Geschäftspartnerinnen, doch es lief nicht so, wie meine Nichte es sich vorgestellt hatte. Wir bekamen Informationen dazu, dass sie zu dieser Seele eine karmische Verbindung hat, das heißt, dass es aus vorherigen Leben eine nahe Verbindung gab. Im früheren Leben waren sie einmal Mutter und Tochter gewesen. Zwischen Mutter und Tochter gibt es eine ganz enge Seelenverbindung, die in den heutigen Beziehungen noch mitschwingt, so dass es sehr schwer ist, sich von einander zu trennen oder einander klare Ansagen zu machen. Die Karmaauflösung führte dazu, dass die beiden Freundinnen zunächst geschäftlich auseinandergingen und später kam es zu einer endgültigen Trennung. Das war der Moment, in dem das Bedauern bei meiner Nichte einsetzte. Hätte sie das Ergebnis der Karmaauflösung vorher gekannt, hätte sie sich vielleicht nicht darauf eingelassen. Doch inzwischen hat sich meine Nichte beruflich ganz neu aufgestellt, und es hat sich zu ihrem Wohle entwickelt. Sie ist durch ein Tal gegangen, doch jetzt steht sie auf sicheren Füßen für sich allein.

Die Idee der Reinkarnation kam zu mir, als sich im Jahr der Wende mein gesamter spiritueller Horizont entwickelte. Ich glaube seitdem, dass zwischen unseren Seelen eine Verbundenheit besteht, die über mehrere Leben hinausgeht. Als ich meinen Mann kennen lernte, war sehr schnell eine Innigkeit und Vertrautheit da. Wir kannten uns nur wenige Tage, hatten jedoch das Gefühl, bereits viele Jahre zusammen zu sein. Nach Beendigung meiner ersten Ehe war mir klar, dass ich noch einmal mit einem Partner zusammen leben wollte. Ich richtete mich darauf in meinem Inneren aus, diesen Partner zu finden und stellte mir vor, dass es auf dieser Weltkugel diesen einen geben würde, der zu mir passte. Ich bat darum, dass ich zu demjenigen einen Kontakt bekam und ging imaginär in diesen Kontakt - wie ein Echolot sendete ich meine Wellen aus. Wo auch immer sich derjenige auf der Welt befand, dachte ich, er könne sich an diesen Wellen wie an einem Faden orientieren. Die Information, die dazu kam, war ein Bild, das sich später in der Realität wiederfand: Ich sah einen Mann in einem feinen Anzug mit einer prägnanten Frisur. Ich dachte: Was will ich mit einem Mann in einem feinen Anzug? Es passte wenig zu den Menschen und Umständen, in denen ich bisher gelebt hatte. Das waren eher Handwerker unter sich. Man hatte einen feinen Anzug für besondere Gelegenheiten, aber ansonsten waren wir in meiner Herkunftsfamilie und auch in meiner ersten Ehe eher leger unterwegs. Ich dachte: Wenn mein Partner einen feinen Anzug trägt, das ist mir ganz fremd. Durch Regina hatte ich - ein Bild von einem Kennenlernen am Strand bekommen und das Bild eines Schreibtischs mit Stapeln von Papier.

Diese Informationen legten sich in dem Moment, in dem ich meinen Mann kennen lernte, jedoch nicht übereinander. Ich hatte Reginas Information immer mit einem Sommerurlaub assoziiert. Als ich meinen Mann im Winterurlaub auf einer kanarischen Insel beim Frühstück zum ersten Mal sag, trug er keinen Anzug, sondern ein sportliches Outfit. Deshalb kam das Kennenlernen aus der Situation heraus eher überraschend für mich. Wir verbrachten einige Tage gemeinsam im Urlaub und mein Mann besuchte mich kurz darauf in Aachen. Es war klar, dass eine enge Verbindung vorhanden war, wir hatten beide den Eindruck, uns schon ewig zu kennen. Es war wie das Erkennen einer alten Seelenverwandtschaft. Die Bezüge zu Reginas Voraussagen und meinen eigenen inneren Bildern habe ich nach ein paar Tagen hergestellt. Den feinen Anzug sah ich erst, als mein Mann einmal zur Arbeit ging, dann kam das Bild zurück und ich erkannte auch die prägnante Frisur wieder. Nur die Haarfarbe stimmte nicht ganz. Das Kennenlernen im Urlaub und auch die Papierstapel auf dem Schreibtisch aus Reginas Voraussage passten, auch wenn mein Mann nicht Steuerberater oder Notar war. Daran können wir sehen, dass der Verstand immer versucht, aus den medialen Informationen ein weltliches Konstrukt zu bauen, das aus dem eigenen Erleben der medialen Person heraus gespeist wird. Weder den Notar, noch den feinen Anzug konnte ich mit meiner Lebensrealität in Übereinstimmung bringen. Doch letztlich waren es korrekte

Bilder, die mir gegeben wurden, die ich jedoch im Moment des Sehens nicht einordnen konnte.

Ich glaube daran, dass wir uns wiederholt begegnen in unterschiedlichen Leben und in unterschiedlichen Konstellationen. Vielleicht waren wir in einem früheren Leben einmal Geschwister und heute sind wir ein Ehepaar? Dann gibt es etwas in uns, das den anderen auf dieser tiefen Ebene wiedererkennt und sich sofort vertraut fühlt - im positiven oder negativen Sinne. Alles, was wir erleben, sammeln wir - wie auf einer inneren Datei. So wie wir die Erlebnisse aus diesem Leben gespeichert haben, so haben wir auch Erlebnisse aus früheren Leben innerlich gespeichert. Wenn ich einem Menschen begegne, greife ich auf meine innere Festplatte zurück und spüre, dass dort eine Verbindung gewesen ist. So erkennen wir Menschen wieder, mit denen wir tief verbunden sind. In Bezug auf meinen Mann habe ich die Frage gestellt: Hatten wir ein früheres Leben miteinander? Ich habe ein Bild bekommen: Ich sah mich mit meinem Mann in einem Bauernhaus leben, er war auf dem Weg zur Jagd, ich blieb im Haus. Interessanterweise hatten wir in diesem Bild drei Kinder - so wie wir es heute in unserer Patchworkfamilie auch haben. Es war nur ein Ausschnitt, den ich bekam und ich stieg nicht tiefer ein. Für mich war das eine Antwort darauf, woher diese Verbundenheit zwischen uns kam, für die es auf der Ebene des Verstandes keine Erklärung gab. Dazu bekomme ich den Satz: Die Seele weiß mehr.

Auch mit meinem Sohn hatte ich ein eindrückliches Erlebnis, lange bevor ich mich medial ausbilden ließ. Es war eine schwierige Geburt und als mir mein Sohn zum ersten Mal auf den Bauch gelegt wurde, hatte ich den Eindruck: Dort liegt ein alter, weiser Mann. Das war das allererste Gefühl, das mich mit meinem Sohn verband. Es war wie eine Information, ein Wissen, das genau in dem Moment da war. Wo kam das her? Der alte, weise Mann lag auf meinem Bauch. Vielleicht war das die Schwingung einer ganz alten Seele, die viele Leben gelebt und viel Weisheit angesammelt hat. Augenblicke wie diese faszinieren mich und machen mich neugierig.

Wir begegnen Menschen wieder, mit denen wir gute Erlebnisse hatten, die uns stärken und die deshalb wieder in bestimmten Lebenssituationen oder Phasen zu uns kommen. Ebenso begegnen wir Menschen wieder, die uns Leid zugefügt haben. Wir können das Schicksal oder Karma, das wir miteinander haben, ausgleichen. Vielleicht begegne ich jemanden, der mich in einem früheren Leben getötet hat? Dann kann ich das in diesem Leben ausgleichen - auf andere Art und auf einer energetischen Ebene natürlich. Vielleicht gibt es jemanden, der die Menschen in seinem letzten Leben ausgebeutet hat, so dass er ein Leben bekommt, in dem er heute ausgebeutet wird. Ich denke das nicht im Sinne einer Strafe, sondern um die Kehrseite der Dinge kennenzulernen. Es gibt in meiner Vorstellung immer einen festen Boden des Lebens, auf dem wir stehen können. Wir werden zwar an unsere Grenzen gebracht, aber niemals darüber hinaus. Im Grunde genommen gibt es kein Gut und Böse, kein Richtig und Falsch. Für mich stehen die Dinge in ihrem Charakter, in ihrer Existenz nebeneinander wie der Tag und die Nacht. Wenn wir fragen: Ist der Tag oder die Nacht besser? Das lässt sich nicht beantworten. Wenn wir über Taten sprechen, haben wir sofort eine Vorstellung im Sinne unseres Gewissens, was eine falsche und was eine richtige Tat ist. Ich kann mir vorstellen, dass wer im früheren Leben Täter war, auch ein Leben als Opfer erlebt - und umgekehrt. Wir haben auch nicht immer dieselbe Rolle. Wir können in unterschiedlichen Leben das Geschlecht wechseln. So durchleben wir in unseren verschiedenen Leben alle Aspekte des Menschseins. Das ist meine Vorstellung vom Rad der Wiedergeburt.

Durch die medialen Sitzungen und die Informationen, die ich für meine Klienten bekomme, hat sich mein Glaube an die Wiedergeburt verstärkt. So hatte ich eine Klientin, die an starken Rückenschmerzen litt. Uns wurde ein früheres Leben gezeigt, in dem sie als Nonne gelebt hatte und sich für ihre Sünden selbst geißelte. Als wir dieses Bild auflösten, das heißt, in das vorherige Leben zurückgingen und die Situation befriedeten, hörten die Rückenschmerzen meiner Klienten auf. Wenn ich Information aus vorherigen Leben meiner Klienten bekomme, ist es wie ein Film aus einer früheren Zeit. Ich übermittle die ersten Bilder und schaue, ob bei meinem Gegenüber ein

Gefühl der Resonanz entsteht. Das ist für die medialen Sitzungen ein essentieller Moment, da unser Inneres immer mehr weiß als unser Verstand. Es gibt eine andere Instanz, ein Bewusstsein, das die früheren Bilder auf der inneren Festplatte gespeichert hat. Wie einige Situationen aus unserer Kindheit gibt es Erinnerungen aus früheren Leben, die befriedet werden wollen. Wenn wir in unserem jetzigen Leben ähnliche Situationen erleben, erinnern wir uns unbewusst daran und reagieren auf bestimmte Weise. Vielleicht gibt es Dinge, die wir im Hier und Jetzt nicht erklären können, die wir über eine mediale Sitzung auflösen können. Wenn z. B. eine Frau immer Angst hat Auto zu fahren oder ins Flugzeug zu steigen, sich das jedoch nicht erklären kann, kann es damit zusammenhängen, dass sie in einem früheren Leben durch einen Flugzeugabsturz oder einen Autounfall ums Leben gekommen ist. Einige Frauen haben den Eindruck, im heutigen Leben nicht spirituell sein zu dürfen, weil sie möglicherweise in einem früheren Leben als Hexe verbrannt wurden. Dann bleibt eine gewisse Angst zurück, mit der Medialität umzugehen, weil die Erinnerung zu wissen glaubt, dass es mit dem Tod enden wird. Über die mediale Arbeit können wir den Zugang zu diesem Kanal finden, zu den ganz alten Erinnerungen. Nicht für jeden Klienten, der zu mir kommt, bekomme ich Informationen aus früheren Leben, doch ich finde, es ist eine wichtige Ebene. Wenn ich mit Klienten längere Zeit arbeite, nimmt die Verbindung zu früheren Leben einen größeren Raum ein. Ich versuche für meine Klienten den bestmöglichen Ist-Status im Jetzt zu erreichen. Für manche geht der Weg der Erkenntnis am schnellsten über den Blick in vorherige Leben.

Sowohl in der Arbeit mit meinen Klienten als auch in meiner eigenen medialen Forschungs- und Beziehungsarbeit möchte ich »heilende Beziehungen« herstellen. Dort bekomme ich Begriffe genannt wie das »Ur-Seil«. Darunter verstehe ich die Kernverbindung aller Verbindungen, die wir jemals mit einer anderen Seele hatten. Das heißt, wir sind mit einer Seele einige Leben lang verbunden und das Ur-Seil beschreibt die Kernessenz unserer Beziehung. Durch die mediale Arbeit können wir die Beziehungen, die wir zu anderen Menschen haben, in Ausgleich bringen und heilen. Wer erkennt, um was es in seinen Beziehungen geht und sich eingestehen muss, dass er viele Fehler gemacht hat, kann das in Ausgleich bringen. Wir können das gelebte Leben nicht rückgängig machen, doch ein Sinneswandel ist immer möglich. Ich glaube, selbst wer in seiner letzten Minute noch erkennt, dass er etwas gegen das Wohl aller getan hat, hat die Möglichkeit, seine Fehler ehrlich zu bereuen. Für mich geht es dabei vor allem um den Moment des Erkennens.

Ich glaube, es ist ein Kreislauf, in den wir mit unserer allerersten Inkarnation eintreten und aus dem wir nach unserem letzten Leben wieder austreten. Doch was war vorher? Und was kommt danach? Für mich ist die Antwort dieselbe. Dadurch, dass ich das Nahtoderlebnis hatte, habe ich ein Gefühl dafür bekommen, wie sich die Einheit, das Licht anfühlt, aus dem wir kommen und in das wir zurückgehen. Wenn wir alle menschlichen Kreisläufe durchlaufen haben, brauchen wir nicht mehr zurückzukommen. Ich freue mich auf meine nächsten Leben und möchte gerne noch öfter wiederkommen.

Inneres Wachstum
Meine mediale Philosophie I

Wer sich schon so viele Jahre in der Tiefe mit dem Leben und Sterben auseinandersetzt wie ich es tue, dem ist klar, dass sich die Frage nach dem Sinn des Lebens irgendwann - mit zunehmendem Alter - stellt. Als ich dreißig war, war ich mit meinem Kind, meiner Familie und allem anderen beschäftigt, da habe ich noch nicht darüber nachgedacht. Doch wer mit der eigenen Vergänglichkeit konfrontiert wird, schaut unweigerlich auf sein Leben zurück und zieht Bilanz. Vielleicht fragen wir uns, was wir richtig gemacht haben oder was wir ändern würden, wenn wir noch einmal neu anfangen könnten. Nach meiner Auffassung kommen wir immer wieder an Kreuzungen, an denen wir uns entscheiden können. Gehe ich hier entlang oder dort entlang? Aus diesen selbst gewählten Abzweigungen hat sich der Weg für genau dieses Leben ergeben. Ich glaube, dass sich unser ganz eigener Lebensweg aus Entscheidungen, Kurven und Hindernissen formt und niemals geradlinig verläuft.

Eine Zeit lang dachte ich, der Sinn des Lebens sei etwas ganz Außergewöhnliches. Er erschien mir wie ein Ziel, das es zu erreichen gilt. Ich meinte, ich müsste ganz tief buddeln und würde irgendwann die goldene Kugel finden, die mir sagen würde, was ich tun müsste. Die Unruhe des Machens und die ständige Frage »Was muss ich tun?« liegen ja in der Natur des Men-

schen. Wir setzen uns ständig neue Ziele, um etwas zu erreichen. Der Sinn des Lebens erscheint uns als das höchste Ziel
und ist gleichzeitig gar keines. Durch diese Haltung entsteht
ein gewisser Druck, als wäre der Sinn des Lebens etwas, das
noch zu erledigen ist. Heute zeigt sich mir der Sinn des Lebens
von einer ganz anderen Seite: Ich glaube, es geht einfach nur
darum zu SEIN. Einfach da zu sein als diejenige, die ich bin.

»Sei einfach, es gibt nichts zu tun.«

Das ist meine Botschaft. Diese Haltung entspannt, die Erwar-
tungshaltung sinkt. Wir sind in dieses Leben gekommen und
sollten so oft wie möglich die schönen Dinge genießen. Es geht
nicht darum, etwas Spezielles zu suchen und zu finden. Sonst
bleiben wir immer auf der Suche und merken irgendwann, dass
wir nirgendwo ankommen. Viele Texte von weisen Menschen
sagen, dass wir den Sinn in den Tiefen des Meeres oder auf den
höchsten Bergen suchen und ihn doch nur in uns selbst finden
können: Wenn wir wissen, dass wir sein dürfen wie wir sind,
weil wir uns aus unserem Lebensweg geformt haben.

»Sei derjenige oder diejenige, die du bist.«

Wir können uns das, was wir sind, was unser wirkliches Wesen
ausmacht, wie eine Hülle vorstellen. Im Laufe des Lebens geht
es darum, diese Hülle ganz auszufüllen und in das, was wir

wirklich sind, ganz hineinzuwachsen. Wir sollten uns komplett annehmen - sowohl mit den guten Seiten als auch mit unseren schlechten Seiten, denn zum Menschsein gehören auch die Schattenseiten dazu. Obwohl ich heute schon älter bin, habe ich noch ein bisschen Luft an Stellen, in denen ich noch in meine Hülle hineinwachsen kann. Doch ich kenne auch den Zustand, immer öfter in das Gefühl hineingehen zu können, dass mir nichts fehlt, dass eigentlich alles da ist. Wir gehen oft in den Mangel. Jetzt fehlt es uns gerade an dem einen und am nächsten Tag an dem anderen. Das einfache Sein bedeutet, dass wir präsent sind und alles annehmen können:

»So wie es ist, ist es gut.«

In meiner Arbeit lasse ich mich immer von der Frage leiten, wobei die Spiritualität und Medialität helfen kann. Der Sinn des Lebens, die Suche danach und das Finden desselben ist eher kein Thema bei meinen Klienten. Manchmal gibt es den einen oder anderen, der sich schon so lange mit sich selbst beschäftigt, dass sich diese Frage stellt. Doch meistens sind es ganz konkrete Fragen zur Bewältigung der Realität, zu Beziehungen und alltäglichen Situationen, in denen die Klienten keine eigenen Lösungen finden. In den Sitzungen und Ausbildungen, die ich gebe, geht es darum, mediale Persönlichkeiten herauszubilden und das innere Wachstum zu fördern. Es ist nicht mein Ziel, so viele mediale Berater wie möglich auszubilden, sondern die feinsinnige, mediale Wahrnehmung in jedem einzelnen zu fördern. Je mehr meine Klienten und Ausbildungsteilnehmer ihre eigene Hülle ausfüllen, umso mehr kommen sie in das Verständnis, dass sie mit allen und allem verbunden sind.

Inneres Wachstum bedeutet, die eigene Wahrnehmung mehr und mehr zu schulen. Auf dem Weg der medialen Persönlichkeitsentwicklung schauen wir uns zunächst die eigenen inneren Strukturen an. Wie ticke ich eigentlich? Was ist hilfreich, was hinderlich? Es geht erst einmal um die Verbindung nach innen, mit mir selbst, und im zweiten Schritt um die Verbindung nach außen, mit den anderen Menschen und der Umwelt. Zuerst müssen wir uns erlauben uns selbst wahrzunehmen und die eigenen Strukturen zu erkennen. Wenn wir eine Wand wahrnehmen, gegen die wir immer wieder laufen, ist das zwar unangenehm, aber wir schaffen mehr Klarheit und Bewusstsein für uns selbst. Erst wenn wir uns bewusst sind, auf welchen Bahnen wir laufen, können wir sie ändern. Zunächst müssen wir sie anschauen und erkennen: So sind sie erst einmal. Erst dann kommt der Aspekt des freien Willens hinzu, wir können uns entscheiden zu handeln und etwas zu verändern.

Doch was können diese Wände sein, gegen die wir immer wieder laufen? Es sind Muster in unserem Verhalten, in unseren Reaktionen, unseren Gedanken oder Beziehungsmuster, die wir immer wieder erleben. Z. B. kommen oft Klienten zu mir, die sich bei der Arbeit gemobbt fühlen. Wenn wir die Mobbing-Situation in einer Sitzung betrachten, fragen wir: Was ist der Anteil des Klienten an dieser Situation, was ist der Anteil seiner Kollegen? Auf was reagieren die anderen? So können wir den eigenen Anteil des Klienten sichtbar machen. Wir geben gerne alles nach außen ab, machen uns selbst zum Opfer und meinen, dass die anderen die Bösen seien. Doch es sind oft unsere eigenen inneren Strukturen, auf die unsere Außenwelt lediglich reagiert. Es ist, als hätten wir am ganzen Körper Post-its, auf denen steht »Sei frech zu mir!« oder »Mobbe mich!«. Das sind die Programmierungen, die in uns verankert sind. Unsere Kollegen lesen die Post-its und erledigen einfach nur das, was darauf steht. Wir laufen mit offenen Wunden herum. Immer wieder legen andere Menschen den Finger in die Wunden. Dafür, dass diese Wunden nun einmal da sind, tragen wir selbst eine Verantwortung. Unsere Mitmenschen kommen einfach nur zu uns und weisen mit ihren Handlungen darauf hin: Da ist noch etwas, das noch behoben werden könnte. Hier fehlt ein Pflaster oder eine Salbe.

Darüber, dass ich mit meinen Klienten die Situation betrachte, können wir sie in die Heilung bringen. Wir schauen: Was gibt es für Verletzungen? Welche vorherigen Erlebnisse erinnern daran? In einer solchen Situation können wir insgesamt um Heilung bitten oder mit Energieflüssen arbeiten. Eine Heilarbeit mit Energie wirkt wie ein Pflaster oder eine Salbe für eine

Wunde. In einer Heilsitzung werden die Dinge, die die Klienten im Außen als unangenehm erleben, in ihnen selbst geheilt. Wenn die Wunde geheilt ist, entsteht daraus für den Klienten eine neue Realität. Die Wunde ist nicht mehr da und keiner kann mehr kommen, um den Finger hineinzulegen. Natürlich entscheidet in jeder Heilsitzung der Klient selbst, ob er die Heilung annehmen möchte oder nicht. Manche Menschen ziehen einen unbewussten Gewinn daraus, Wunden zu haben. Es kommt zwar selten vor, doch ich habe auch schon erlebt, dass sich ein Klient am entscheidenden Punkt bedankt hat und nicht in die Heilung gehen wollte. Darüber bin ich erstaunt, aber ich habe daraus gelernt: Jeder Klient darf seine Wunde und sein Thema behalten.

Musterunterbrechungen kann man spirituell sehr gut in die Heilung bringen. Auch beim Thema Beziehungen gibt es wiederkehrende Muster, z. B. gibt es Menschen, die auch in der dritten oder vierten Ehe sind und immer wieder in die gleichen Situationen geraten. Oder wenn sich Menschen nach einer Scheidung oder Trennung zurück ziehen, sich zwar eine neue Beziehung wünschen, aber zu hohe Ansprüche an den perfekten Partner haben. In diesem Fall beinhaltet die Arbeit mehrere Entwicklungsstufen für den Klienten selbst und es müssen verschiedene Aspekte angeschaut werden. Es gibt immer wieder Probleme in den Beziehungen zu den eigenen Kindern oder Haustieren. In meiner Arbeit ist es so, dass das Problem grundsätzlich am anderen Ende der Leine liegt. Tiere sind überaus sensitiv und reagieren auf uns. Sie sind sehr gute Heiler und oft an unserer Seite, um etwas mit zu tragen, aber sie können uns auch an unsere Aufgaben heranführen. Auch auf der Beziehungsebene zwischen Mensch und Tier lässt sich sehr viel in die Heilung bringen. Und so ist es auch umgekehrt, wenn z. B. Menschen traumatisierte Tiere aufnehmen.

Es ist mein tiefer Wunsch, Menschen zu einem veränderten Leben zu verhelfen. In meinem Herzen bin ich ganz nah bei den Menschen. Ich möchte zeigen, dass niemand in einer Situation verharren muss. Wenn es uns schlecht geht, müssen wir nicht dort bleiben. Wandel ist möglich. Wenn sich ein Klient ganz fest dafür entscheidet, in seinem Leiden zu bleiben, kann ich nichts unternehmen. Doch wer nach Veränderungen sucht, dem kann ich neue Wege zeigen und dabei Unterstützung geben, diese auch zu gehen. Der Mensch neigt dazu beim Vertrauten zu bleiben und sei es noch so schlecht. Was das Neue auch immer ist, es ist erst einmal unbekannt. Die Angst vor Veränderung entsteht dadurch, dass wir nicht wissen, ob etwas Neues zum Guten führt. Wir haben keine Sicherheit. Ein Beispiel ist, wenn Menschen vor einem Jobwechsel stehen: Oft finden sie ihren bisherigen Job unerträglich, doch sie halten an ihm fest, einfach nur, weil das Neue noch nicht da ist, weil sie es noch nicht kennen, sehen und anfassen können. Ob neue Wohnung, neuer Job, neue Partnerschaft - diese Phasen des Übergangs sind ganz stark mit Angst und Unsicherheit belegt. Deshalb erfordert es Mut, sich auf einen neuen, unbekannten Weg zu machen und die eigenen Hürden zu überwinden. Alleine laufen wir oft bis an die Hürde, zögern jedoch, bevor wir springen. Gemeinsam mit meinen Klienten und Ausbildungsteilnehmern schaue ich: Ist es jetzt noch nicht der richtige Zeitpunkt? Oder braucht der andere an der entscheidenden Stelle einen kleinen Schubser, um die Hürde zu nehmen? Diese liebevolle Unterstützung kann ich durch die mediale Arbeit geben.

Ich glaube, viele Menschen empfinden Angst und Ablehnung im Hinblick auf Medialität und Spiritualität, weil sie in dieser Welt jahrelang keinen Platz hatten. Die Wissenschaft ist für uns so unglaublich wichtig geworden. Wir müssen alles bis ins Letzte erforschen, belegen und beweisen. Anscheinend brauchen viele etwas zum Festhalten und die Gewissheit: Das gibt es wirklich. Das Spirituelle und Mediale ist jedoch etwas, das wir zunächst nicht sehen, nicht hören, nicht greifen können. Das birgt eine Form von Unsicherheit, die in unserer heutigen Gesellschaft nicht gewollt ist. Wenn wir anfangen, uns spirituell zu interessieren, medial zu arbeiten und auf unsere innere Stimme zu hören, wissen wir nicht, wohin es uns führen wird. Die eigene innere Stimme ist der mediale Kanal in jedem Menschen. Wir brauchen Zeit, um unserer Intuition wirklich zu vertrauen und zu folgen, sie nicht nur wahrzunehmen, sondern unser Handeln konsequent darauf auszurichten. Das bedarf viel

Mut. Ich denke, es ist wie eine gute Freundschaft, die mit der Zeit wächst. Wer einige Male erlebt, dass die Intuition uns in schwierigen Situationen zu unserem eigenen und zum Wohle der anderen leitet, wird in Zukunft leichter darauf vertrauen können - selbst wenn etwas erst einmal auf der Ebene des Verstandes keinen Sinn macht. Manchmal müssen wir durch ein Feld der Ungewissheit gehen. Bei mir ist mein Vertrauen in meine innere Stimme über die vielen Jahre meiner medialen Arbeit gewachsen und ich vertraue ihr, egal, in welcher Situation - auch wenn ich eine innere Unsicherheit spüre. Erst am Ende werden wir sehen und verstehen.

Die innere Stimme
Meine mediale Philosophie II

Ich hoffe, dass in Zukunft wieder mehr Menschen auf ihre innere Stimme hören. Heute erledigt das oft ein Smartphone oder ein Fitness-Armband. Ich finde das sehr amüsant: Die Menschen brauchen ein technisches Gerät, das ihnen sagt, dass sie sich mehr bewegen müssen. Dabei würde ihre innere Stimme genau das Gleiche erledigen. Zudem funktioniert sie besser als jeder Algorithmus. Wer auf seine innere Stimme hört, weiß genau, wie viele Schritte er gehen muss und ob die Joggingrunde oder der Spaziergang lang oder kurz ausfallen sollte. Wir müssen die innere Stimme nur einladen, an unserem Leben teilzuhaben. Eine enge Verbindung der Menschen zu sich selbst auf körperlicher, mentaler und emotionaler Ebene - das ist das, was ich mit meiner Arbeit erreichen möchte. Die Verbindung zu sich selbst ist die Basis, um die innere Stimme überhaupt erst hören zu können. Wer sich mit sich selbst beschäftigt, dem gibt die innere Stimme hilfreiche Antworten.

Ich glaube, dass alles mit allem und alle mit allen verbunden sind. Ich stelle mir die menschlichen Verbindungen wie ein weltumspannendes Netzwerk vor - wie die Mobilfunkverbindungen, die um den ganzen Globus verteilt sind. Wenn wir alle unsere innere Stimme mehr nutzen würden, würden die zwischenmenschlichen Verbindungen besser funktionieren - wie im Straßenverkehr. Wenn wir alle drauflos fahren, wird es schnell an der nächsten Stelle krachen. Doch wenn wir vorausschauend handeln, können wir die eigene Fahrweise besser auf die Mitfahrenden einstellen. Die innere Stimme ermöglicht eine reibungslosere Lebensfolge im Miteinander - für uns alle.

Immer wieder empfinde ich Demut, wenn ich Hinweise und Mitteilungen für mein Gegenüber bekomme. Die Botschaften sind voll von Liebe und Fürsorge, auch wenn einer meiner Klienten eine »Ansage« bekommt. Letztlich ist immer die Liebe des Universums für uns darin enthalten. Eine Ansage heißt nur, dass wir falsch abgebogen sind und es woanders weitergeht. Demut empfinde ich auch dabei, diese Arbeit überhaupt machen zu dürfen. Über diese mediale Arbeit darf ich Menschen immer wieder etwas Gutes geben. Das ist für mich eine unerschöpfliche Quelle. Ich fahre oft von meiner Praxis nach Hause und bin überwältigt von dem, was ich gerade miterleben durfte - die Erkenntnisse, die meine Klienten haben durch das, was sie gesagt bekommen und wie sie es gesagt bekommen.

Auch wenn es in meiner Arbeit nicht um Erleuchtung geht, sammeln meine Klienten und ich immer mehr Erkenntnisse über das eigene Dasein. Je mehr Erkenntnisse wir haben, desto mehr können wir unsere Hülle auskleiden. Doch Demut ist auch hier geboten und ich kann dem Satz viel abgewinnen: Erst wenn du alles weißt, weißt du, dass du nichts weißt. Das, was wir mit unserem Dasein erfassen können, ist letztlich nur ein kleiner Funke in einem riesigen Universum. Es ist wichtig, als Medium mit den scheinbar großen Erkenntnissen und dem kleinen Sein gut umgehen zu können. Es gibt Momente, in denen ich mich als Medium ganz großartig fühle. Wenn ich einem Klienten eine Sitzung gebe und ihm eine Erkenntnis gegeben wird, bin ich Teil dieser wunderbaren Situation. Doch es ist wichtig, sich immer wieder bewusst zu machen, dass diese unglaublichen Momente der Erkenntnis eigentlich etwas ganz Kleines sind. Sonst heben wir vielleicht irgendwann ab und meinen über den Dingen zu schweben. Deshalb finde ich es so hilfreich, nahe an den Alltagsthemen zu arbeiten und geerdet zu bleiben. Pragmatismus und die Anbindung an die Realität sind wichtige Grundlagen meiner Spiritualität.

Im Gegensatz zur inneren Stimme ist der Verstand für mich etwas Angelerntes - eine Datei, in die ich Informationen eingegeben habe, die nur aus diesem Fundus heraus agieren kann und aus diesen begrenzten Möglichkeiten Lösungen vorgibt. Dennoch muss der Verstand bei aller Spiritualität eingeschaltet bleiben, um die Nähe zur Realität zu wahren und nicht den Boden unter den Füßen zu verlieren. Wenn wir eine neue Wohnung oder ein neues Haus suchen, sagt uns unsere innere Stimme, wo der Platz ist, an dem wir uns wohl fühlen werden. Doch der Verstand unterstützt uns mit einem ganz realen Sinn für das Leben und der Frage, ob wir die Miete bezahlen können. Sonst verlieren wir uns in Träumereien. In der Medialität hilft der

Verstand dabei, Klarheit zu bewahren: Jetzt gehe ich auf Reisen, doch ich komme auch wieder zurück. Andere mögen es vielleicht, lange in den unendlichen Weiten des Universums zu verweilen, sich auf höheren Ebenen zu bewegen und am Geschehen zwischen den Planeten teilzunehmen. Das ist nicht mein Ansatz: Realität und Spiritualität müssen sich miteinander verbinden. Für mich sollte Spiritualität immer alltagstauglich sein.

Besonders erfüllt mich mit Demut, wenn ich merke, wie genau ich die Wortwahl meines medialen Kanals treffen muss. Ich bekomme einen Satz und spüre, dass dieser noch feiner justiert werden muss. Durch wenige veränderte Wörter kommt eine ganz andere Energie bei meinem Gegenüber an. Manchmal gibt es eine Feinjustierung in der Zeit. Wenn ich zu einem Klienten sage: »Kümmere dich um deine Mutter.« Dann könnte ich im zweiten Schritt nachjustieren und sagen: »Kümmere dich *jetzt* um deine Mutter.« Die Informationen entstehen manchmal in Etappen, die Feinjustierung folgt nach der ersten Information. Einmal habe ich für einen Klienten, der im IT-Bereich arbeitet, ein Wort bekommen, das ich überhaupt nicht kannte. Das Wort kam als Energiestrom, es war, als würde mir ein Säckchen mit Buchstaben gegeben. Langsam fingen die Buchstaben an, sich zu sortieren. Für meinen Klienten kam ein schlüssiges Wort heraus, das für ihn einen Beziehungszusammenhang in seinem Arbeitsbereich herstellte. Auch dieser Erfahrung begegnete ich mit viel Demut: Es war eine Bestätigung, das Wort konnte nur von einer höheren Ebene kommen, ich konnte es mir nicht ausgedacht haben.

Ich möchte eine letzte Geschichte erzählen, die für mich bezeichnend dafür ist, wie deutlich sich die innere Stimme in besonderen Situationen meldet und unser Leben zum Positiven lenken kann. Es ereignete sich am Tag der Trauerfeier meiner Mutter: Der Pfarrer hatte die Familie gefragt, ob wir bei der Beerdigung etwas vortragen wollten. Ich wollte etwas schriftlich vorbereiten, weil ich mich nicht traute, es selbst vorzutragen. Ich begann eine Art Brief an meine Mutter zu schreiben. Es war allerdings nicht das, was ich meiner Mutter immer schon einmal sagen wollte. Im Brief beschrieb ich eine Reise durch die Dinge, die in unserem Leben geschehen waren. Oft werden auf Beerdigungen Lobeshymnen angestimmt, doch das wäre im Falle meiner Mutter an der Realität vorbeigegangen. Mit meiner Mutter verbanden mich ziemlich heftige Situationen und alle Menschen, die mit uns in der Kirche sein würden, hatten unsere Familiengeschichte auf irgendeine Weise mitbekommen. Ich hatte angefangen diesen Brief zu schreiben, doch ich bekam ihn nicht fertig. Ich setzte mich hin, die Worte flossen mir aus der Feder, doch ich merkte, es wurde am Ende nicht rund. Das letzte Stück ging einfach nicht. Ich fragte mich, ob ich den Brief überhaupt abgeben sollte. Am Tag vor der Trauerfeier dachte ich ganz pragmatisch: Wenn es nichts wird und ich das Ende nicht schreiben kann, lasse ich es morgen sein.

Doch am Morgen der Trauerfeier wurde ich um halb vier aufgeweckt. Ich bekam die Ansage: »Steh jetzt auf, geh hinunter ins Büro, setz dich hin und mache den Text fertig.« Um halb vier wollte ich natürlich nicht aufstehen, um irgendeinen Text fertig zu schreiben, doch ich kannte diese Ansagen inzwischen schon und fügte mich. Ich stand auf und bekam den kompletten Text diktiert. Das Ende war auf den Punkt getroffen. Bei der Beerdigung konnte ich den Text vortragen lassen. Im Nachgang sagten mir die Gäste, dass sie von diesen Zeilen sehr berührt gewesen waren. Das hatte ich mir sehr gewünscht. Ich denke, dass es wichtig ist, auch die schwierigen Beziehungen zu benennen, zu zeigen, dass sich möglicherweise etwas wandeln kann oder sich der eigene Blickwinkel ändern lässt. Nichts muss so bleiben wie es ist. Einige Gäste sagten mir, dass sie durch den Text über ihre eigenen Themen ins Nachdenken gekommen waren. Das war es, was ich erreichen wollte und ich bin heute noch sehr dankbar, dass mir diese wunderbaren Worte an diesem Morgen gegeben wurden.

Meine innere Stimme meldete sich ein zweites Mal an diesem Tag. Bei der Beerdigung meiner Mutter saß ich in der ersten Reihe und bekam ganz plötzlich den Satz: »Du kannst jetzt zu ihm gehen.« Dieser Satz wurde mehrmals wiederholt. Ich saß in der Kirche, die Trauerfeier nahm ihren Lauf und immer wieder hörte ich diesen Satz. Es war ein Satz, in dem ganz viel steckte und der mich nicht losließ. Diese wenigen Wörter waren wie ein Sack voller Möglichkeiten. Es steckte darin, dass ich durch den Tod meiner Mutter frei geworden war und dass ich in Aachen keine Verpflichtungen mehr hatte. Es lag auch eine Form von Wegweisung darin. Es ging nicht darum, lediglich darüber nachzudenken, auf einer tieferen Ebene steckte eine Handlungsanweisung in diesem Satz.

Damals kannte ich meinen Mann erst ein halbes Jahr. Wir waren in den Anfängen und lebten in unterschiedlichen Städten. Ich hatte noch kaum über ein gemeinsames Leben nachgedacht und lief mit diesem Satz im Kopf zwei Tage lang durch den Wald. Es arbeitete in mir. Es lag eine große Freude darin, weil ich mir sicher war, dass ich mit diesem Mann leben wollte. Doch natürlich hatte dieser Satz auch einschneidende Konsequenzen. Würde ich eine andere Stadt gehen? Sollte ich mein ganzes Leben aufgeben? Wie würde das für mich sein? Wie würde sich meine berufliche Zukunft entwickeln? Was würde mit meinem Kind, was würde mit meinen Freundinnen passieren? Und vor allem: Wollte er das auch?

Ich ging einige Tage mit diesem Satz schwanger. Erst als ich meine Entscheidung getroffen und in meinem Inneren eine Klarheit gefunden hatte, sprach ich mit meinem Mann. Es war das erste Mal, dass ich mich ihm gegenüber auf diese Art und Weise medial zeigte. Es war wichtig für mich, diese plötzliche

Idee für ihn herzuleiten, denn es bedeutete für uns beide eine essentielle Lebensveränderung. Ich erzählte ihm, wie ich während der Trauerfeier zu diesem Satz gekommen und daraus der Wunsch eines gemeinsamen Lebens entstanden war. Mein Mann begann zu strahlen - und wir beschlossen miteinander zu leben. So hatte dieser kleine Satz meiner inneren Stimme eine große Bedeutung. Im Nachgang hat dieser Satz bewirkt, dass ich nach einem halben Jahr von Aachen nach Bochum umzog, später meine Yogaschule aufgab und meinen Lebensmittelpunkt nach Bochum verlegte. Ich bin sehr dankbar, dass ich damals so klar und deutlich auf meine innere Stimme gehört habe.

Meine spirituelle Entwicklung hat mit dem Tod meines Vaters ihren Anfang genommen und sich durch die Krankheit meiner Mutter stark weiterentwickelt. Damals habe ich in der Realität keine Antworten mehr gefunden und mich anderen, ungewöhnlicheren Methoden zugewendet. Aus pragmatischen Überlegungen probierte ich Reiki aus und es funktionierte. Meiner Mutter ging es deutlich besser. Für mich ist es immer noch ein Wunder, dass sich meine Mutter in den letzten Jahren von ihrer Krankheit erholte und wir unsere Beziehung zum Guten wenden konnten. Mein Wunsch nach sichtbaren Wundern ist für mich von der anderen Seite ausreichend bedient worden. Über die mediale Ebene passieren auch noch Wunder. Wenn ich zu den Anfängen meiner medialen Ausbildung zurückgehe, spüre ich eine tiefe Verbundenheit zu dieser anderen unsichtbaren Seite des Lebens. Ich merkte damals sofort, dass ich eine Verbindung herstellen konnte und dass es mir leicht fiel. Es war, als hätte ich die mediale Arbeit schon immer gekannt. Es ist etwas, mit dem ich schon lange verbunden bin. Einmal sah ich ein Buch in hawaiianischer Sprache. Im Sinne von Fremdsprachenkenntnissen kann ich kein Hawaiianisch, aber ich spürte sofort eine Verbindung zu dieser Sprache und zu der schamanistischen Tradition. Etwas in mir kannte diese Worte. Auch die Medialität ist schon lange ein Teil von mir, und ich möchte möglichst viele Menschen dazu inspirieren, mit ihrer eigenen inneren Welt in Kontakt zu treten.

Vielleicht hört der berufliche Aspekt der medialen Arbeit irgendwann für mich auf. Manchmal stelle ich mir die Frage, wie lange ich noch Sitzungen und Ausbildungen geben werde. Heute bin ich Ende 50, mein Mann wird in ein paar Jahren in Rente gehen und ich frage mich: Wann gehe ich in Rente? Wird es den Tag geben, an dem ich keine Sitzungen mehr gebe und die Arbeit als Medium an den Nagel hänge? Ich glaube nicht, dass es so einfach funktioniert, denn ich bekomme weiterhin im Alltag Botschaften. Die mediale Wahrnehmung lässt sich nicht einfach so wieder abstellen. Ich bin jedoch gespannt, wie es sich in meinem Leben zeigen wird, ob sich der Kanal irgendwann verschließt oder ob ich irgendwann sagen werde: Jetzt bin ich zu alt. Aber wie kann ich für die mediale Wahr-

nehmung zu alt sein? Wenn ich mir heute vorstelle, im Pflege-
heim zu sein, brauche ich dort die andere Seite doch noch einmal umso mehr. Da bin ich darauf angewiesen, dass die Wunder geschehen, dass ich an den richtigen Ort komme und von
angenehmen Leuten gepflegt werde. Deshalb hoffe ich, dass
mir diese Kraft auch im Alter zur Seite stehen wird.

Auch der Zweifel ist etwas Gutes im Umgang mit der medialen
Arbeit. Es ist nur eine vorübergehende Störung - wie bei einem
Radiosender. Ich würde das Zweifeln nicht auf die Medialität
oder die Existenz der unsichtbaren Seite an sich beziehen. Dafür habe ich zu viel erlebt. Doch es ist immer wieder gut, sich
selbst und das eigene Tun zu überprüfen und sich an einer
Wegkreuzung zu fragen: Will ich diese Arbeit noch machen?
Ist sie immer noch das Tollste für mich? Etwas zu hinterfragen
und in den Zweifel zu gehen, heißt für mich einfach nur, einen
anderen Blickwinkel einzunehmen. Darüber komme ich immer
wieder zu einem klaren Ja für meine Arbeit. Ich bin sehr dankbar für die vielen Erfahrungen und Erlebnisse, die ich machen
durfte und die in meinem Inneren bleiben. Ich hatte herausfordernde Sitzungen, doch ich war immer in der Lage, schwierige
Situationen mit meinem Klienten durchzustehen. Ich glaube,
man kann diese Arbeit nur aus vollem Herzen tun. Wer zu viel
Angst hat, sollte nicht in die mediale Beratung gehen. In der
Medialität gibt es nichts, das sich wiederholt, jede Sitzung ist
eine neue Herausforderung und ein neues Wunder. Das bedeu-

tet Hingabe für mich: Ich bin bereit, alles zu akzeptieren, was damit in Verbindung steht und mit den hellen und den dunklen Seiten des medialen Daseins auszukommen. Wie im Leben fahre ich mit jeder Sitzung, jedem Klienten, jedem Ausbildungsteilnehmer aufs Neue in die See hinaus und weiß nicht, wie der Wind heute stehen wir. Aber ich freue mich darauf!

Nachwort

In einer meiner letzten Ausbildungen sagte ein Teilnehmer ganz plötzlich: »Was ist eigentlich dein spiritueller Weg gewesen? Willst du darüber nicht ein Buch schreiben?« Ein Buch zu verfassen, war mir immer wieder mal in den Sinn gekommen, ich hatte sogar bereits ein Konzept für ein Buch über Meditation erstellt. Doch über die Frage des Ausbildungsteilnehmers kam ich auf die Idee, erst einmal ein Buch über meine eigene Geschichte zu machen. Auch mein Sohn ermutigte mich dazu. Jedoch war ich mir im Klaren darüber, dass ich das Schreiben nicht alleine schaffen konnte. Ich kann ein Buch erzählen, dachte ich, aber ich kann es nicht aufschreiben. Ein paar Tage später traf ich meine PR-Beraterin und erzählte ihr von meiner Idee. Sie lieferte mir den nächsten Baustein und einen weiteren Kontakt zu einer Journalistin. So kam die Arbeit am Buch ganz von selbst ins Rollen und in vielen Interviews erzählte ich meine Geschichte und ließ sie aufschreiben.

Es war eine spontane Idee von mir, meine Geschichte zu erzählen, und die Arbeit am Buch war für mich tatsächlich ein großes Abenteuer. Sie war von einer anfänglichen Begeisterung geprägt. Als ich wieder mit meiner Familiengeschichte konfrontiert wurde, wurde es allerdings ein schwerer Abschnitt auf dem Weg. Natürlich habe ich mich im Rahmen von Coachings und meiner Arbeit als systemische Aufstellerin intensiv mit meiner Familiengeschichte auseinandergesetzt. Doch mich für das Buch an alle Details zu erinnern, hat mich selbst oft sehr bewegt. Es war jedoch wichtig für mich, mit meinen Wurzeln zu beginnen.

Dass es für meine medialen Wahrnehmungen einen Erlebnisfaden gibt, der sich schon seit Langem durch mein Leben zieht, ist mir erst durch die erzählerische Arbeit deutlich geworden. Die Erlebnisse um den Tod meines Vaters und den verstorbenen Nachbarn hatte ich zuvor nicht mit meiner Medialität in Zusammenhang gebracht. Es ist ein großes Geschenk für mich, diesen Faden heute erkennen zu können! Ich habe die Medialität nicht gesucht, sie ist zu mir gekommen und hat sich immer mal wieder gezeigt - genauso ist auch dieses Buch zu mir gekommen.

Es war spannend für mich, meine Familie, Freunde, Ausbildungsteilnehmer und vor allem meine Klienten zu befragen. »Wie erlebt ihr die Sitzungen?« Bis dahin hatte es mir gereicht zu bemerken, dass meine Klienten immer wieder kommen. Es war für mich schön zu hören, dass sie Vertrauen zu mir als Person haben und dass es gleichzeitig ein Geschenk für sie ist, sich eine mediale Sitzung abzuholen. Mein Sohn hat meine Intention für das Schreiben des Buches sehr gut auf den Punkt gebracht: »Es ist schwierig diese Wahrnehmungen so zu beschreiben, dass sie jeder versteht. Ich finde gut, dass es dir nicht um Räucherstäbchen und bunte Tücher geht und du irgendetwas predigst. Vielleicht lesen das Buch Menschen wie ich, die sich nicht sicher sind, ob es eine andere Seite gibt oder ob sie einen Kanal dazu haben? Es ist deine persönliche Geschichte, die vielleicht andere zum Nachdenken bringt, eine gewisse Wahrnehmung bei sich selbst zu entdecken. Ich denke, dass es viele Menschen gibt, die sich gar nicht so sicher sind.«

Mit meiner Geschichte möchte ich den Leser einladen, seine eigene spirituelle Entwicklungsarbeit zu beginnen oder fortzuführen. Ich möchte Menschen inspirieren, die eigene Intuition oder Medialität weiter zu entwickeln und sie ermuntern, sich mit sich selbst und dem Thema spiritueller Persönlichkeitsentwicklung auseinanderzusetzen. Die eigene innere Stimme zu hören und der inneren Führung zu folgen, bedeutet seinen Lebensweg zu finden und auch mehr Tiefe und Bewusstheit ins eigene Leben zu bringen. Ich möchte dafür sensibilisieren, nicht mit Scheuklappen durch das Leben zu laufen, sondern hinzuschauen und wahrzunehmen. Ein Arbeitstitel des Buches war: »Du bist auch medial.« Ich glaube, dass jeder Mensch aufmerksamer für die eigene Wahrnehmung werden kann. Manch einer ist von Natur aus sensitiver, ein anderer weniger. Doch jeder kann lernen, die eigenen Antennen zu nutzen. Wer sehr sensitiv ist, den möchte ich einladen, sich um sich selbst zu kümmern und sich abzugrenzen. Wenn wir zu viel wahrnehmen, erleben wir einen energetischen Overload. Am Ende dieses Buches kann der Leser mit einfachen Fragen anfangen:

Hatte ich besondere Träume? Hatte ich Wahrnehmungen, die ich bisher vielleicht nicht zuordnen konnte? Gab es Wahrnehmungen, die ich ignoriert habe, weil sie mir unangenehm erschienen? Auch kritische Fragen gehören natürlich dazu, denn ich habe in meinem Buch nicht nur die rosigen Seiten der Medialität geschildert. Das war mir ganz wichtig. Andere mögen sich nach dem sie das Buch zugeklappt haben, auf die Suche nach dem eigenen Medium begeben. Wieder andere möchten sich vielleicht endlich medial ausbilden lassen.

Die Idee zum Erzählen meiner eigenen Geschichte kam von meinen Ausbildungsteilnehmern, und ich selbst habe die Kandidaten am letzten Ausbildungstag nach ihren eigenen Entwicklungen, Eindrücken und Erlebnissen befragt. In diesen Aussagen der Ausbildungsteilnehmer finde ich viele meiner Einschätzungen zur medialen Arbeit und Persönlichkeitsentwicklung wieder:

»Das Mediale half mir und jetzt möchte ich es weitergeben.«

»Es wurden mir Wege eröffnet, mich persönlich neu zu entdecken und die mediale Arbeit ‚besonnen‘ umzusetzen.«

»Es ist viel klarer geworden und hat das Nebulöse verloren.«

»Wunder. Erstaunen. Neues. Das Leben neu lernen. Achtsamkeit. Umsicht. Weitsicht. Liebe.«

»Vom bewussten Wandel der Wahrnehmung des Lebens bis zum Handwerkszeug zur täglichen Anwendung.«

»Es ist eine sehr bodenständige, alltagsorientierte Ausbildung.«

»Mir ist klar geworden, dass es eigentlich zum Menschsein gehört und es jeder lernen kann.«

»Ich bin ‚ganz‘ geworden.«

Durch das Erzählen habe ich selbst noch mehr über die mediale Arbeit gelernt. Es hat mir dabei geholfen, meine eigene Arbeit zu reflektieren und bestimmte Zusammenhänge wieder ins Bewusstsein zu bringen. Ich bin damals losgegangen und wusste nicht, wohin mich mein Weg führen würde. Doch trotz aller Herausforderungen habe ich immer wieder die Liebe und die Intensität meiner Arbeit gespürt. Durch dieses Tun bin ich so freudig und liebevoll mit den Menschen verbunden. Es ist mehr als eine Arbeit, es ist ein Teil von mir. Es ist etwas, das ich aus voller Inbrunst und mit ganzem Herzen mache, das ich mir bis ins hohe Alter wünsche. Ich hoffe, dass ich mir diese Begeisterung dafür bewahre. Zum höchsten Wohle aller.

Danke

Ich kann es kaum glauben, dass ich nach dieser intensiven Arbeit nun mein Buch in den Händen halte. Es ist ein Projekt voller Herzblut. An dieser Stelle möchte ich Danke sagen, denn es gibt einige Menschen, die mich auf dem Weg beraten, unterstützt und mir zur Seite gestanden haben.

Philipp und Uwe – die wichtigsten Menschen in meinem Leben. Ohne meinen Sohn und meinen Mann wäre das Buch nicht so geworden, wie es nun ist. Als wertvolle Ratgeber habt ihr diesen Weg liebevoll, aber auch kritisch begleitet und mir immer wieder Mut gemacht, dran zu bleiben.

Die folgenden Frauen haben meinen Lebensweg und spirituelle Entwicklung beeinflusst und stehen mir auf unterschiedlichen Wegen sehr nah. Auch ihr seid ein wertvoller Bestandteil dieses Buches. Ganz herzlichen Dank an Roswitha, Veronika, Gerlinde, Ute, Anja und Beate.

Beim Schreiben hat mich Kati Sprung einfühlsam begleitet, die meine Geschichte aufgenommen und in einen roten Faden gebracht hat. Durch meine langjährige PR-Beraterin Yvonne Oleszak bin ich auf die Journalistin und Autorin aufmerksam geworden. Alexandra Brosowski, ebenfalls Journalistin und Autorin, hat das Manuskript in die Buchform und in den Handel gebracht. Grafikdesignerin Anne Hansen ist für das schöne Cover verantwortlich.

Außerdem möchte ich mich bei dir als Leserin bedanken. Ja, ganz genau, bei dir, die dieses Buch jetzt in der Hand hält. Ich danke dir dafür, dass du mir und meinem Buch das Vertrauen schenkst.

Ich danke dir für deine Offenheit für meine Geschichte, die dich vielleicht inspiriert, ebenfalls deine Medialität zu entdecken und zu leben.